Ebel · Spiegelhalter BRETAGNE

Martin Ebel · Erich Spiegelhalter

BRETAGNE

Verlag Herder Freiburg · Basel · Wien

Reproduktion: Scan-Studio Hofmann, Freiburg
Herstellung: Freiburger Graphische Betriebe 1993
Karte: Melanie Waigand
ISBN 3-451-23301-0

BRETAGNE

Wind, Wasser, Felsen

Sie stehen an der Pointe du Raz und schauen nach Westen. Tief unter Ihnen das Toben der Brandung, die sich an den scharfkantigen Felsen bricht, vor Ihnen eine unendliche dunkle Wasserfläche, an die sich fast übergangslos ein grauer Himmel anschließt. Wie die Brandung auf den Felsen, so stürmt der Wind auf Sie ein: pausenlos, wütend, wie mit hundert Peitschen zugleich. Salz liegt in der Luft, auf Ihrer Haut.

Wind, Wasser und Felsen: Sie prägen das Gesicht der Bretagne, in einem unablässigen Ringen, in Angriff und Behauptung, Vorwärtsdrängen und Gegenhalten. Es ist ein zerfurchtes, zerschundenes, schrundiges Gesicht, aber kein Zeichen von Erschöpfung ist darauf zu sehen. Der Kampf der Elemente hält jung.

„Ich komme aus einem Land, wo Meister Wind das Regiment führt, wenn seine Stunde kommt", schreibt Pierre-Jakez Hélias, der große Chronist der Bretagne. „Meer und Land sind ihm gleichermaßen untertan, und die Menschen verdanken ihm den besten Teil ihrer selbst. Der Wind schenkt ihnen jene Vitalität, die die Bretonen *startijenn* nennen. Ohne ihn würden viele von uns auf ihre innere Stimme hören, die ihnen zuflüstert: Laß es sein! und ihnen rät, sich in ihr Haus zu verkriechen und dem Schicksal seinen Lauf zu lassen. Aber der Wind hält uns wach, hält uns in Freude und in Sorge. Er stößt uns in den Rücken und zwingt uns, dem Abenteuer des Alltags ins Auge zu sehen. Er ohrfeigt uns, damit wir die Muskeln anspannen und siebenhundertmal ‚Donnerwetter' brüllen. Er salzt uns mit Regen ein, wie man es mit dem Fleisch rassiger Schweine macht, damit es nicht verdirbt. Er setzt uns hart zu, rempelt uns an, schüttelt uns durch, und unser Geist bleibt wach, immer aufmerksam, in Erwartung der Schläge, die das Leben für uns bereithält. Was wären wir ohne ihn? Unser Wind wäre imstande, ohne Pause zu blasen. Wenn er es nicht tut, dann nur, um sein Werk mit Wohlgefallen zu betrachten: Er hat die Küste und das Hinterland gesäubert. Die Farben sind lebhafter, Konturen und Formen klarer. Das Licht ist so frisch wie am ersten Schöpfungsmorgen."

Wind, Wasser und Felsen: An der Pointe du Raz stürmen die drei Elemente der Bretagne zusammen und aufeinander los. Hier stehen Sie am Ende. Weiter geht es nicht mehr. Es ist die äußerste Spitze der Landmasse Europas, die hier in den Atlantischen Ozean ausläuft. *Finis terrae* nannten es die Römer, Finistère heißt das westlichste Département der Bretagne: Ende der Welt. Danach kommt nur noch Wasser, viele tausend Kilometer Wasser, und dann ein anderer Kontinent, eine Neue Welt.

Der Blick nach Westen drängt sich auf. Die Bretagne kehrt Frankreich den Rücken zu. Manche meinen, sie gehöre gar nicht mehr zu Frankreich. Etliche Franzosen sind dieser Meinung, und viele Bretonen stimmen ihnen zu. Die gemeinsame Geschichte ist auch nur vierhundert Jahre alt – was ist das schon, gemessen an den vielen tausend Jahren , auf die die Bretagne zurückblicken und die sie vorzeigen kann! Die Zeugen dieser Vorvergangenheit, Dolmen, Menhire und Steinreihen, sie stehen unübersehbar im Lande. Anderswo in Frankreich gibt es nicht viel, was an Geheimnis, Großartigkeit und Alter mit diesen steinernen Dokumenten wetteifern könnte.

Daß die Bretagne ein Ende bildet, eine Extremität, hat die Bewohner geprägt. Sie sind anders, obwohl sie auch Franzosen sind, anders auch dort, wo sie Franzosen sind. Die Geographie trennt sie. Es trennt sie auch die Geschichte, die hier eine der Sieger, dort eine von Verlierern ist. Das Selbstverständnis Frankreichs ist zentralistisch, es geht von Ideen und Prinzipien aus, in denen das einzelne aufgeht und das andere, das Fremdartige, untergeht. Die französische Geschichte ist voll von Zentralisierungsbestrebungen, die französische Kultur eine Abfolge von Einebnungen, Normierungen, Vereinheitlichungen. Stolz war Frankreich nie auf seine Vielfalt, immer auf die Einheit. Die Bretagne hat es zu spüren bekommen.

Das Verhältnis von Mutterland und Provinz hat sich heute entspannt; aber daß aus Paris nichts Gutes zu erwarten ist, ist eine Erfahrung, die sich den Bretonen ins Gedächtnis eingebrannt hat. Nichts ist vergessen: nicht der Steuerdruck und die wirtschaftliche Ausplünderung, nicht die militärischen Strafaktionen und nicht die Unterdrückung von Sprache und Kultur. Nicht die willkürliche Zerstückelung – Nantes, die alte Hauptstadt, wurde 1964 abgetrennt und bildet heute eine eigene Region – und nicht der (gescheiterte) Versuch, ein Atomkraftwerk in Plogoff zu errichten. Selbst die Tankerunglücke, die in regelmäßigen Abständen die bretonische Küste mit Öl verseuchen, gehören für die Bretonen zum Kapitel „Bevormundung durch Paris“: Weil die Hauptstadt immer zuwenig hilft. Unvergessen ist vor allem aber die Verachtung, die den Bretonen alle Zeit entgegenschlug. Paris betrachtete – und behandelte – seine westlichste Region wie eine Kolonie, seine Bewohner waren folgerichtig „Wilde“.

Selbst in der Prosa des großen Balzac, der einen Roman über die Kämpfe der Revolutionszeit in der Bretagne schrieb, ist das Befremden über diese seltsamen Menschen, die nur irgendwie zu Frankreich gehören, unübersehbar.

„Ihr Leben“, schreibt Balzac in „Les Chouans“ über die Bretonen, „weist tiefe Spuren des Volksglaubens und der abergläubischen Gepflogenheiten alter Zeiten auf. In der Bretagne werden die feudalen Bräuche noch respektiert. Dort finden die Altertumsforscher noch aufrechtstehende Druidensteine, und der Geist der zeitgenössischen Kultur schreckt davor zurück, in riesige Urwälder einzudringen. Eine unglaubwürdige Wildheit, eine brutale Halsstarrigkeit, aber auch die Heiligkeit des Eides; völliges Fehlen unserer Gesetze, unserer Sitten, unserer Kleidung, unserer neuen Münzen, unserer Sprache, aber auch patriarchalische Schlichtheit und heroische Tugend wirken dort zusammen, so daß die Bewohner jener Landstriche noch ärmer an intellektueller Kombinationsgabe sind als die Mohikaner und Rothäute Nordamerikas, aber auch ebenso groß, ebenso durchtrieben, ebenso hart wie diese. Der Platz, den die Bretagne in der Mitte Europas einnimmt, macht sie für den Forscher merkwürdiger als Kanada. Sie ist rings vom Licht der Aufklärung umgeben, dessen wohltätige Wärme nicht zu ihr gelangt, und so gleicht dieses Land einem gefrorenen Stück Steinkohle, das auch inmitten eines glühenden Herdes dunkel und schwarz bleiben würde.“

Gescheitert seien, schreibt Balzac weiter, „die Bemühungen einiger großer Geister, diesen schönen Teil Frankreichs an gesellschaftliches Leben und Wohlstand heranzuführen.“ Schuld daran sei allein die „Reglosigkeit einer Bevölkerung, die sich der Praktizierung von aus unvordenklichen Zeiten stammenden Lebensgewohnheiten hingibt. Dieser unselige Zustand läßt sich zur Genüge durch die Beschaffenheit eines nach wie vor von Schluchten, Wildbächen, Seen und Sümpfen durchzogenen Bodens erklären; er starrt von Hecken, von Erdwällen, die aus jedem Feld eine Zitadelle machen; er entbehrt der Landstraßen und Kanäle, ferner möge als Erklärung die geistige Haltung einer unwissenden Bevölkerung dienen; sie hängt Vorurteilen an und will von unserer modernen Landwirtschaft nichts wissen. Es gibt dort keine Dörfer. Die spärlichen Wohnstätten, die man ‚Logis' nennt, sind dünn über das Land ausgesät. Jede Familie lebt dort wie in einer Wüste."

Wilde muß man zähmen, und solches tat die französische Gesellschaft mit den unheimlichen Gesellen im Westen: Mit den Errungenschaften ihrer Zivilisation, wenn es im Guten abging; mit Feuer und Schwert, wenn nötig. Das Ergebnis dieser Zähmung war dann bestenfalls brauchbares Menschenmaterial – brauchbar zum Anpacken, für untergeordnete Arbeiten, die kein Köpfchen, dafür aber Kraft und stumpfsinnige Ausdauer erforderten. Die weibliche Entsprechung dazu ist das unsäglich dämliche bretonische Kindermädchen, die *Bécassine*, das in millionenfacher Auflage – als Bildergeschichte, als Karikatur, als Film – die Franzosen zum Lachen gebracht und den Bretonen endgültig den Ruf verdorben hat.

Der „wilde" Bretone ein Objekt der Angst, das gezähmte tumbe Arbeitstier Objekt der Verachtung: Beides natürlich Projektionen, die aus dem anderen, Unbekannten, das Schlechte machen – per Definition. Oft genug haben die Bretonen dann auch dem Bild, das man sich von ihnen machte, entsprochen – durch dumpfe Bescheidung oder durch zornige Auflehnung. Der Kolonisierte gleicht irgendwann dem, den sein Herr in ihm sehen will. Revolten und deren brutale Niederwerfung gliedern die Geschichte der Bretagne, Krieg und Friedhofsruhe wechseln einander ab, in abgeschwächter Form bis in unsere Tage. Immer wieder haben sich Bretonen dem festen Griff des „Mutter-" (oder vielmehr Stiefmutter-)landes entwinden wollen; separatistische Parteien und Bewegungen werben auch heute zwischen Rennes und Brest um Anhänger, mit Überzeugungsarbeit und Attentaten. Daß die Separatisten im Zweiten Weltkrieg mit den Deutschen paktieren wollten, von denen sie sich die Unabhängigkeit erhofften, hat sie lange Zeit völlig diskreditiert; aussichtsreicher ist dagegen in den letzten Jahren das Verlangen nach größerer kultureller Selbständigkeit geworden.

Die Kehrseite der wilden und primitiven Bretagne ist eine Wunschprojektion: Es ist die des „guten Wilden" und seiner „ursprünglichen", geheimnisvollen Umgebung. Ihr hängen all die an, denen Frankreich zu französisch , zu „abstrakt" ist, die Rationalismus und Cartesianismus, die geometrisch beschnittene Gärten und hochgezüchtete Rhetorik überhaben, die das helle, aber eben manchmal allzu plane Licht der Aufklärung langweilt und die auf der Suche nach neuen Reizen in den „keltischen Nebel" der westlichsten Provinz eintauchen, denen die Bretagne all das zu verheißen scheint, was ihnen der vernunftdurchstrahlte Hauptstrom der französischen Zivilisation nicht bieten kann.

Auch dieses romantische Bretagne-Bild hat eine lange Geschichte, als ihr Erfinder kann sogar ein Bretone gelten: Der Comte de Chateaubriand, Schriftsteller und Politiker mit abenteuerlichem Lebenslauf. Er wurde in Saint-Malo geboren und wuchs auf dem väterlichen Schloß Combourg auf – in fast völliger Einsamkeit, nur mit der Natur als Gefährtin. Schwärmerei und Melancholie hat Chateaubriand in diesen Jugendjahren ausgebildet, in seinen „Erinnerungen aus dem Jenseits" findet sich manch prächtiges Stück Landschafts- und Stimmungsbeschreibung. Eine der Wurzeln der europäischen Romantik liegt in der bretonischen Natur, wie sie der Graf erlebt oder vielmehr aus der Erinnerung vergegenwärtigt hat.

Ganz anders als für den Sommerfrischler unserer Tage hieß für Chateaubriand die Devise: Je schlechter das Wetter, um so besser. Hören wir nur, was er über die Reize des bretonischen Herbstes zu sagen weiß:

„Je trostloser die Jahreszeit war, um so enger fühlte ich mich ihr verbunden. Da das schlechte Wetter die Landbewohner isoliert, weil es den Verkehr erschwert, fühlt man sich vor den Menschen doppelt sicher. Dem Herbst eignet ein gleichsam moralischer Zug. Die Blätter, die wie unsere Jahre fallen, die Blumen, die wie unsere Stunden verwelken, die gleich unseren Jahren dahinfliehenden Wolken, das Licht, das abnimmt wie unsere Geisteskraft, die Sonne, die gleich unserer Liebe erkaltet, die Flüsse, die erstarren wie unser Leben – all dies steht zu unserem Schicksal in geheimer Beziehung. Mit unbeschreiblichem Vergnügen erlebte ich die Wiederkehr der stürmischen Jahreszeit, den Zug der Schwäne und der Ringeltauben, in den sumpfigen Wiesen sah ich die Krähenschwärme, die sich beim Einbruch der Nacht auf den höchsten Eichen der großen Allee niederließen. Wenn am Abend ein bläulicher Nebel am Waldrand aufstieg, wenn der traurige Klagegesang des Windes seufzend durch die verdorrten Gräser strich, fühlte ich mich in vollkommenem Einklang mit meinem innersten Wesen."

Für Romantiker ist das Land im Westen auch das Reich der Mythen und Märchen, der Feen und Geister. Das Übernatürliche ist in unzähligen Plätzen konkret lokalisiert: Hier eine wundertätige Quelle, dort der Wald, durch den die Artusritter streiften. Da liegt die Stadt Ys versunken auf dem Meeresboden, und aus dieser Schlucht rufen nachts die verwunschenen Seelen. Im Yeun Elez, beim Roc Trévezel, vermuteten die Alten gar die Pforten der Hölle.

Schreibt nicht selbst ein Bestseller unserer Tage, der Liebes- und Schmachtroman „Salz auf unserer Haut", dieses romantische Wunschbild fort? Da liebt eine moderne Pariser Intellektuelle einen Fischer aus der Bretagne, außerhalb von Raum und Zeit , jenseits der gesellschaftlichen Konventionen und der Erfordernisse des Alltags. Es ist der Zauber der bretonischen Brandung, der die Heldin verführt, aber auch die Sehnsucht nach Natur in einem übertragenen Sinne. Und daß die Autorin diese in der „wilden" Bretagne ansiedelt: Das ist eben kein Zufall.

Wir leben von Bildern und mit Bildern; oft ziehen wir sie der Wirklichkeit vor. Denn ist diese nicht profan? Ist die Bretagne nicht Teil Frankreichs, eines modernen Staates, den nicht so sehr viel von Deutschland, England oder der Schweiz unterscheidet? Sind nicht alle Länder Europas längst Provinzen einer Weltzivilisation, regiert der *American way of life* nicht auch zwischen Saint-Brieuc und Saint-Nazaire? Gleichen die Supermärkte und Autowerkstätten, die Reklametafeln und Fußgängerzonen, die Fabriken, Cafés und Auslagen in den bretonischen Städten nicht denen, die man in der Île de France und im Burgund, ja auch in Spanien und Deutschland findet?

Gewiß: Es gibt die Tankstellenlandschaft wie anderswo auch; und dennoch ist die Bretagne eine eigenständige, eigenartige, einzigartige Provinz geblieben. Abgesondert durch ihre Geographie, geschlagen durch ihre Geschichte, hat die Bretagne eine Persönlichkeit entwickelt, die heute noch unverkennbar ist. Sie trägt Furchen im Gesicht, die keine zivilisatorische Schminke überdecken kann.

Die Bretagne ist widerstandsfähig und hart im Nehmen; sie gleicht darin dem Granit, *ihrem* Stein, an Hauswänden, Kirchen oder Burgen, an Statuen und Kalvarienbergen. Sie gleicht den Felsen an der Pointe du Raz, die seit Jahrhunderten den Angriffen der Elemente trotzen und ihr Gesicht nicht verloren haben.

Die unabhängige Bretagne

Wenn Bretonen erklären wollen, warum ihre Heimat so einzigartig ist, berufen sie sich meist auf das keltische Erbe. Dabei waren die Kelten weder die ersten noch die ersten kultivierten Bewohner des Landes.

Abgelegen, unwirtlich und unzugänglich wie sie war (weshalb der Historiker Michelet sie gar als „Insel" bezeichnet hat), ist die Bretagne überhaupt relativ spät besiedelt worden; die ältesten Spuren stammen aus der Zeit um 8000 v. Chr. Gut 4000 Jahre später treffen wir dann schon eine veritable Hochkultur im Westzipfel Frankreichs an. Ihre Zeugen sind die riesigen Steindenkmäler, die sich überall an der Küste finden. Solche Megalithe (= große Steine) gibt es zwar auch anderswo in Europa, aber in der Bretagne sind sie am zahlreichsten, am eindrucksvollsten und, so der Historiker Yann Brékilien, auch am ältesten: Er hat deshalb die These aufgestellt, daß die Megalithkultur in der Bretagne entwickelt wurde und sich von hier aus über Europa verbreitet hat. Als Hauptstadt dieses Reichs der Großsteine setzt er das legendäre Atlantis an, jene versunkene Stadt, die in den Sagen vieler Völker auftaucht. In der bretonischen Überlieferung heißt sie Ys und liegt im Golf von Douarnenez auf Grund.

Keine Legende ist, daß die Menschen der Megalithkultur sehr fortgeschrittene astronomische, navigatorische und Ingenieur-Kenntnisse gehabt haben müssen. Noch heute imponierend und kaum erklärbar sind die riesigen Dimensionen ihrer steinernen Hinterlassenschaften: der „Menhire" (aufrecht stehend und länglich, Asterix-Leser kennen sie unter dem Namen „Hinkelstein"), der „Dolmen" (Grabstätten aus zwei senkrechten und einer darüberliegenden waagrechten Platte), der „Alignements" (Steinreihen) und „Cromlechs" (Steinkreise). Die bretonischen Namen erhielten die Gebilde übrigens im 19. Jahrhundert, als man sie den Kelten zuschrieb (auch Balzac sprach ja in unserem Zitat von *Druidensteinen*). In Wahrheit sind sie mehrere tausend Jahre älter, ja älter noch als die Pyramiden Ägyptens. Der größte Megalith war der Menhir von Locmariaquer; nach einem Blitzschlag zerbrach er im 18. Jahrhundert in vier Teile, das grandiose Stückwerk ist noch zu besichtigen. 20 Meter war er hoch und 350 Tonnen schwer. Bis heute ist es nicht gelungen, das Verfahren zu rekonstruieren, mit dem dieser Gigant transportiert und aufgestellt worden ist. Ebensowenig ist klar, wozu die Steindenkmäler dienten. Sollten sie Schiffen den Weg weisen? Auf bestimmte magnetische Punkte hinweisen? Den Sonnenstand zu einer Jahres- und Tageszeit festhalten?

Nicht weniger eindrucksvoll und rätselhaft sind die Menhirreihen bei Carnac: 3000 Steine stehen dort, akkurat angeordnet in Linien und Halbkreisen, in denen rund 1000 Menschen Platz gefunden hätten. Was war das? Eine Kultstätte, ein riesiger Friedhof?

Wie auch immer: Um 1300 v. Chr. fand diese hochentwickelte Zivilisation ein plötzliches Ende, wahrscheinlich durch eine Hochwasser-, also eine Klimakatastrophe. Über die Zeit danach weiß man nicht viel, bis dann, im 4. Jahrhundert v. Chr., die Kelten kamen. Freiwillig ließen sie sich nicht am Rand Europas nieder, vielmehr war die Bretagne, waren England und Irland ihre letzte Zuflucht: Die Kelten, die einst den ganzen Kontinent besiedelt hatten, mußten anderen, militärisch stärkeren Völkern weichen. In der Bretagne ließ man sie – erst einmal – in Frieden. Es waren Bauern, über denen eine Krieger- und eine Priesterkaste stand, die letzteren, die Druiden, werden mit allerlei magischen

Praktiken und grausigen Menschenopfern in Verbindung gebracht.

Als die Römer Gallien eroberten, trafen sie keltische Stämme an und unterwarfen sie. Im Jahre 56 v. Chr. kam die Reihe an die Bretagne. Heftige Kämpfe und Aufstände, eine Entscheidungsschlacht, dann war das Land Teil des römischen Reiches und kam in den Genuß seiner zivilisatorischen Errungenschaften: Verwaltung, Straßenbau, Sprache. Die Römer brachten nicht nur, sie nahmen auch; die Bodenschätze, über die die Bretagne damals noch verfügte – Blei, Zinn, Eisen und sogar Gold – beuteten sie gründlich aus.

Auch die Tage der Römer waren bald gezählt. Von 275 an kam es immer wieder zu „Barbareneinfällen", und vom 5. Jahrhundert an war die Bretagne wieder sich selbst überlassen – und einer neuen Einwanderung, wieder von keltischen Stämmen, die aus England kamen, wo sie dem Druck der Schotten weichen mußten. Die neuen und die alten Kelten, galloromanische und inselbretonische Einflüsse vermischten sich. Aus „Armorica", dem „Land am Meer", wurde jetzt die Bretagne, eine Mittelmacht in Randlage, die ihren Platz im unfriedlichen Europa des Frühmittelalters suchte.

Es ist nicht mit letzter Sicherheit auszumachen, ob und wie weit die Bretagne schon vor der Ankunft der „britischen" Bretonen christianisiert war. Jedenfalls kamen mit und nach ihnen zahlreiche Mönche ins Land, vor allem aus Irland, die den neuen Glauben fester verankern sollten und feste kirchliche Strukturen schufen – in jenen Zeiten die einzigen Verwaltungsstrukturen überhaupt. Die Gemeinde, bretonisch *plou* (was in vielen Ortsnamen noch durchscheint), organisierte sich meist um ein Kloster, die kleineren unterstanden der Autorität eines Mönchs. Formal dem Bischof von Tours unterstellt, gingen die bretonischen Gemeinden eigene Wege.

Hier durften Frauen den Missionaren assistieren und sogar die Kommunion austeilen. Nur mit der Drohung der Exkommunizierung konnte der Bischof diese ketzerische Praxis unterbinden. Auch sonst hatte er jede Menge Ärger mit seinen westlichsten Schäfchen. Sie legten Wert darauf, ihre Angelegenheiten selbst zu entscheiden und schufen sich dafür eigene Gremien: Neben dem Gemeindeältesten gab es einen Pfarrgemeinderat, der in der Vorhallen der Kirche tagte und über viele Fragen entschied, die entweder der Bischof oder der Graf für sich reklamierten. Klagend vermerken die Väter des Konzils von Soissons in einem Schreiben an den Papst, die bretonischen Geistlichen seien in „wilde Unabhängigkeit" zurückgefallen.

An der weltlichen wie der geistlichen Front kämpften die Bretonen schon im Frühmittelalter um Eigenständigkeit – und wurden dafür immer wieder aufs Haupt geschlagen. Karl dem Großen gelang es nicht, die „bretonische Mark" zu unterwerfen, obwohl er seinen legendären Paladin Roland damit betraute. Seine Nachfolger hatten ähnliche Schwierigkeiten mit den bretonischen Herzögen, deren bedeutendster, Nominoë, im 9. Jahrhundert seine Herrschaft etwa auf die heutigen Grenzen der Provinz ausdehnen konnte. An einer dauerhaften Befestigung ihrer Macht hinderten die bretonischen Fürsten allerdings einander selbst – durch endlose Fehden, durch Zwist und Verrat, Mord und Totschlag. Überdies fielen die Normannen in das zerstrittene Gebiet ein, raubten und brandschatzten. Das Klosterleben, gerade zu einiger Blüte gelangt, kam wieder zum Erliegen; die Mönche verließen vielfach das Land, ihre kostbaren Handschriften, ihre illustrierten Bibeln nahmen sie mit.

Immerhin hat ihre Gegenwart als „Kulturträger" den Grundstein für die bretonische Frömmigkeit gelegt, die bis in unsere Tage diese Provinz von anderen Frankreichs unterscheidet. 7777 Heilige soll es in der Bretagne geben, beileibe nicht alle mit dem Segen Roms! Die berühmtesten sind die Gründer der sieben alten Bistümer (von denen sich die sieben Streifen der bretonischen Flagge herleiten). Die heiligen Samson, Malo, Brieuc, Tugdual, Pol Aurélien , Paternus und Corentin lebten im 5. und 6. Jahrhundert, als das Christentum in der Bretagne verankert wurde. Im Mittelalter waren „ihre" sieben Städte die Stationen einer berühmten Wallfahrt. Der *Tro Breiz* führte von Dol über Saint-Malo, Saint-Brieuc, Tréguier, Saint-Pol-de-Léon und Quimper nach Vannes (auch eine andere Reihenfolge war möglich), war insgesamt 109 bretonische Meilen lang, dauerte gewöhnlich vier Wochen und wurde in Etappen von 20 Kilometern zu Fuß zurückgelegt. Der Andrang war beträchtlich; im 14. Jahrhundert verzeichnet die Kirche St-Patern von Vannes in einem einzigen Jahr 30.000 Pilger!

Im Hochmittelalter, als in Zentral- und Südfrankreich die höfische Kultur in Blüte stand und Kleriker um die rechte Fassung der kirchlichen Lehre rangen, war die Bretagne eine geistige (und geistliche) Wüste. Dies vermag niemand besser zu belegen als Petrus Abälard, einer der größten christlichen Philosophen seiner Zeit. Heute verbindet man seinen Namen mit einer für das Mittelalter skandalösen Liebesaffäre: Abälard verliebte sich in Héloisa, ein junges Mädchen, das er im Auftrag des Domherrn Fulbert, ihres Vormundes, in Glaubensdingen unterrichten sollte. Fulbert stellte sich einer Verbindung entgegen; die beiden flohen, ließen sich heimlich trauen, Héloisa bekam ein Kind von Abälard, dieser wurde im Auftrag Fulberts entmannt. Eine Räuberpistole in Kirchenkreisen, die bis heute die Phantasie von Schriftstellern beschäftigt.

Wer weiß demgegenüber noch, welche Bedeutung Abälard für die Philosophiegeschichte hatte? Der leidenschaftliche Theoretiker und Debattierer liebte nichts mehr als den Widerstreit der Thesen; die Kirchenhierarchie liebt bekanntlich nichts weniger. Der „Ritter der Theologie" , der gerne gegen alle Autoritäten aufmuckte, dabei auch eitel und unduldsam war, eckte dann auch mehrfach an; seine Schriften wurden mehrfach von hoher Warte verurteilt; er wurde eingesperrt, konnte entfliehen, mußte untertauchen, immer wieder beschützt von mächtigen Gönnern. Es ist fast ein Wunder, daß er dem Scheiterhaufen entging, auf dem seine Bücher durch Richtspruch von Papst Innozenz II. längst gelandet waren.

Abälard, deshalb unter anderem interessiert er uns, war Bretone. Sein Geburtsort Le Pallet liegt zwar südlich der Loire, gehörte damals indes zum Herzogtum Bretagne. Dort versteckte er Héloisa, als sie auf der Flucht waren, dort kam sein Sohn zur Welt. Und als er wieder einmal ganz unten stand, zog er sich in das Kloster St-Gildas auf der Halbinsel Rhuys zurück, wo ihn die Mönche zum Abt gewählt hatten. Dort schrieb er die Geschichte seines Lebens auf, die berühmte „Historia calamitatum", die erste geschlossene Autobiographie des Mittelalters.

Kalamitäten brachte ihm auch St-Gildas in Hülle und Fülle. Das ehrwürdige Kloster, eines der ältesten der Bretagne, war vollkommen heruntergekommen. Einem lokalen Feudalherrn zinspflichtig geworden, hatte es praktisch keine Einkünfte mehr; die Mönche lebten nach allen erdenklichen Regeln, nur nicht nach denen des Ordens. „Die Gegend war mir fremd", schreibt Abälard in seinen Erinnerungen, „die Mundart unbekannt, und die Mönche dort waren für ihre Schändlichkeit und Unbelehrbarkeit überall verrufen, die Bevölkerung überhaupt rauh und schwer zu lenken. Im Angesicht der wild brüllenden Meereswogen, am Ende der Welt, da keine Möglichkeit mehr bestand, noch weiter zu fliehen, da stöhnte ich oft in meinen Gebeten mit dem Psalmisten: ‚Von den Enden der Erde habe ich zu dir geschrien, da meine Seele in Ängsten war'. Niemand kann die Angst verkennen, die mein Herz Tag und Nacht quälte, wenn mir die Aufgabe schwer auf der Seele lag, diese zuchtlose Mönchsgesellschaft zur Ordnung zu bringen, und mit was für Gefahren für Leib und Leben!"

Abälard übertreibt nicht: Die Mönche widersetzten sich seinen Reformversuchen; auf ihre Konkubinen wollten sie nicht verzichten, und so verfielen sie bald darauf, sich ihres unbequemen Abtes zu entledigen. „Vor ihren tagtäglichen Mordanschlägen", schreibt Abälard, „suchte ich mich durch möglichste Vorsicht beim Essen und Trinken zu schützen; da schütteten sie mir Gift in den Kommunionskelch, um mich sogar während des Hochamtes zu vergiften." Kurz darauf „bedrohten sie mich mit dem Schwert, und nur unter dem Geleit eines Ritters der Gegend konnte ich das nackte Leben retten." Wilde Bretagne, finsteres Mittelalter! Schließlich verließ Abälard das lebensgefährliche Kloster, heimlich und überstürzt. Überreste der Anlage, in der er zwischen 1127 und 1132 gelebt und gelitten hat, sind noch zu besichtigen.

Blieb die Bretagne im Hochmittelalter weitgehend sich selbst und ihren internen Streitigkeiten überlassen, so geriet sie im 14. Jahrhundert in die Auseinandersetzungen zwischen den rivalisierenden Ländern Frankreich und England. Die Herzöge paktierten mal mit der einen, mal mit der anderen Macht, immer bestrebt, das beste für sich herauszuschlagen. Ein jahrzehntelanger interner Erbfolgestreit war allerdings nicht dazu angetan, die Position der Bretagne zu stärken. Der Sieger in der Auseinandersetzung, Jean de Montfort, hatte sich auf den französischen König gestützt, der daraus natürlich Kapital schlug. Formell ohnehin Lehensherr des bretonischen Herzogs, wuchs auch sein faktischer Einfluß mehr und mehr.

Trotz der Wirren und Kriege hatte es die Bretagne inzwischen – wir sind im 15. Jahrhundert – zu bescheidenem Wohlstand gebracht; es entwickelten sich Handelsbeziehungen mit England, woraus nun wieder politische Interessen entstanden. Das brachte neue Konflikte mit dem König von Frankreich. Als der gegen England zu Felde zog, weigerten sich die bretonischen Fürsten, mitzutun. Sterben für Paris? Nein danke, dachten sie sich. Das konnte Paris wiederum nicht dulden, wollte es nicht alle Autorität verlieren. Alles steuerte auf eine Entscheidung zu – entweder völlige Unabhängigkeit und Loslösung der Bretagne von Frankreich oder aber die Eingliederung in das große Nachbarland.

Wir wissen, daß es zur zweiten Variante kam – wohl unvermeidlich; für die Selbständigkeit war das Land gar nicht gerüstet. Ein letztes Mal machte ein bretonischer Herzog europäische Großmachtpolitik nach der Devise „Frankreichs Feinde – meine Freunde", verbündete sich mit dem Herzog des damals sehr mächtigen Burgund, schloß Abkommen mit England, der Hanse, Portugal. Es half nichts. Ludwig XI. von Frankreich schickte ein Heer gegen den „unbequemen Vasallen", das die Bretonen vernichtend schlug, und 1488 unterwarf sich Herzog Franz II. endgültig: Der Traum von der unabhängigen Bretagne war erst mal ausgeträumt.

Des Herzogs Tochter Anne – noch heute in streng bretonischen Kreisen hochverehrt – wurde die Frau von gleich zwei französischen Königen, ihre Tochter Claude heiratete den dritten, den großen Franz I: Damit war dynastisch alles vorbereitet für den Unionsvertrag, der am 4.8.1532 die Bretagne endgültig zu einem Teil Frankreichs machte. Auf diesen Vertrag werden sich die Bretonen immer wieder berufen. (Noch 1984 gab es den Versuch, vor Gericht die administrative Abtrennung von Nantes anzufechten – unter Berufung auf den Unionsvertrag von 1532! Das Gericht debattierte ganz seriös, entschied dann aber, daß mit der Revolution von 1789 jener Vertrag hinfällig geworden sei.)

Damals wurden wichtige Rechte und Privilegien der Provinz festgeschrieben; so durfte die Bretagne eigene Steuern erheben, eigene Gerichte bestellen und ihre Kirchenämter mit Landeskindern besetzen. Die Verwaltung der Provinz übernahmen neben dem Gouverneur des Königs zwei regionale Institutionen: die Generalstände (États de Bretagne), in denen Adel, Geistlichkeit und Abgeordnete der Städte vertreten waren, sowie das Parlament, ein souveräner Gerichtshof, der auch administrative Aufgaben hatte. Die Konflikte der kommenden Jahrhunderte sollten sich an der (Nicht-) Beachtung dieses Vertrags, an der mangelnden Respektierung der begrenzten Autonomie der Bretagne, entzünden.

Immerhin: Anfangs schadet die Union der westlichsten Provinz nicht, im Gegenteil. Zwischen 1550 und 1650 datieren Historiker das *Grand siècle breton*, das goldene Zeitalter der Bretagne. Mit der Entdeckung Amerikas und dem Überseehandel ist die Region aus dem Abseits in den Mittelpunkt, von der Peripherie in eine interessante Schlüsselposition gerückt. Sie profitiert vom allgemeinen Aufschwung des Handels und entdeckt ihre maritime Bestimmung wieder. Saint-Malo wird zum bedeutenden Handelshafen (und ein Zentrum der Piraterie). 3000 Schiffe landen dort jährlich und löschen ihre Ware. Im Landesinnern entwickelt sich ein erfolgreiches Textilgewerbe, das seine Erzeugnisse sogar nach England exportiert.

Der neue Wohlstand wird am deutlichsten in den *enclos paroissiaux* sichtbar, den umfriedeten Pfarrbezirken, einer kunsthistorischen Eigenart, die es nirgendwo sonst zu beobachten gibt. Ein solcher Pfarrbezirk besteht aus einem Triumphtor, einer Kirche mit Beinhaus und, als Höhepunkt, einem Kalvarienberg mit der in Stein gehauenen Passion Christi. 1480 wurde der erste seiner Art in Tronoën errichtet, und im 16. und 17. Jahrhundert wetteiferten die Gemeinden des Nordwestens darum, wer seinen jungen Wohlstand in ein prächtigeres Ensemble gesteckt hatte. Die Ergebnisse gehören noch heute zu den eindrucksvollsten Stationen jeder Bretagne-Reise.

Der harte Granit hat allen Anschlägen von Wind und Seeluft standgehalten, bis jetzt auch noch der Luftverschmutzung und dem Vandalismus. In Plougouven und Guimiliau, in Plougastel-Daoulas, in St-Thégonnec und Pleyben stehen die schönsten und umfangreichsten *enclos paroissiaux*. Dort und an Dutzenden anderer Orte ragen sie in den Himmel, die steinernen Zeugen bretonischer Frömmigkeit. Ihr Ursprung liegt in den Passions- und Mysterienspielen, die im 15. Jahrhundert außerordentlich beliebt waren und deren Szenen von Bildhauern gleichsam als Standbilder festgehalten wurden. Die Kalvarienberge sind aber auch ein lebendiges Geschichtsbuch, fast eine Ortschronik. Neben den klassischen Teilnehmern der Passion Christi haben die unbekannten Künstler nämlich auch die Ortsheiligen porträtiert, und auch ihre Nachbarn und Freunde glaubt man unter den bis zu 200 Gestalten zu erkennen – realistisch oder stilisiert, aber auch zuweilen grotesk oder karikaturistisch überzogen.

Wer waren diese Künstler, die mal unbeholfen, mal äußerst souverän den harten Stein in gültige Form zwangen? Man weiß es nicht; kein Name, keine Details sind überliefert. Wie Dolmen und Menhiren ist auch dem zweiten künstlerisch-historischen Höhepunkt der Bretagne ein Rest von Geheimnis eigen, ein Ausgangspunkt für Spekulationen, ein Anlaß zum Träumen und Phantasieren.

Bonnets rouges und Chouans: die rebellische Bretagne

Das „goldene Zeitalter“ der Bretagne ging zu Ende, als das Frankreichs anbrach; manche Historiker sagen: weil das Frankreichs anbrach. Ohnehin hatte das Geld, das durch Handel und Gewerbe ins Land floß, die Fischerhütten und Bauernkaten nie erreicht. Die Masse der Bevölkerung lebte in bitterer Armut.

„Die Bretagne mag für wohlhabend gelten – um mich herum sehe ich nur Elend. Den Menschen, die mir Geld schulden, fehlt das tägliche Brot; sie schlafen auf nacktem Stroh und klagen mir ihr Leid; was soll ich ihnen entgegnen?“ Die Marquise de Sévigné, von dem dieses Zitat stammt, ist eine stolze Aristokratin, die auf Schloß Les Rochers bei Fougères residiert, wenn sie nicht in Paris oder bei ihrer Tochter in der Provence lebt. Die ständische Gliederung der Gesellschaft, die Reichen oben und die Armen unten, die Ausbeutung der Bauern durch Adel und Geistlichkeit: Das alles ist für sie gottgegeben und keine Frage. Empörung erregt bei ihr indes die Art und Weise, wie die Pariser Zentralmacht gegen die Provinz vorgeht, als diese sich aufzulehnen wagt. Die Steuer- und Hungeraufstände des Jahres 1675 – bekannt geworden unter dem Namen *révolte des bonnets rouges* – sind ein Beispiel für innerfranzösischen Kolonialismus; für die Vernichtung eines bescheidenen ökonomischen Aufschwungs, brutale Willkürjustiz und auch für die Ausbildung einer bretonischen Identität aus Unterdrückung und Demütigung.

Die Revolte der Rotmützen hatte ihre Ursachen im allgemeinen Elend, in neuen Steuern und im Versuch der Pariser Regierung, alte, im Vertrag von 1532 verbriefte Rechte abzuschaffen. Den Interessen der absoluten Monarchie, zu der sich Frankreich unter der Herrschaft der Kardinäle Richelieu und Mazarin, vollends dann unter Ludwig XIV., entwickelte, standen diese Rechte im Wege, und so setzte Paris sie Schritt für Schritt außer Kraft – oder sich schlichtweg über sie hinweg. Die Wirtschaftspolitik des Finanzministers Colbert, der Merkantilismus, lief darauf hinaus, Importe zu erschweren und Exporte zu fördern, damit möglichst viel Geld ins Land floß, Geld, das für die zahlreichen Kriege der *Grande Nation* benötigt wurde und für den Hof, in dessen Pracht der Adel ruhiggestellt wurde.

Je stärker der Finanzbedarf des Königs wuchs, desto erfinderischer war seine Administration darin, neue Geldquellen aufzutun. Steuern ließen sich auf alles und jedes erheben (sogar auf Zinngeschirr!), und überdies konnte man ganze Wirtschaftssparten zum „königlichen Monopol“ erklären. So geschah es mit Holz und Tabak. Die Bretonen mußten ihr Brennholz, statt es im Wald zu schlagen, nun teuer bezahlen; und wenn sie Tabak kauen wollten, finanzierten sie damit die Feldzüge Ludwigs XIV. mit. Die hohen Zölle wiederum, die Colbert auf ausländische Waren erließ, zerstörten die Handelsbeziehungen mit England und schädigten die junge bretonische Textilwirtschaft. Die „Stempelsteuer“ war der Tropfen, der das Faß zum Überlaufen brachte: Sie sah vor, daß Rechtsgeschäfte jeglicher Art nur noch auf besonderem Papier vollzogen werden durften, das den königlichen Stempel trug und in besonderen Stempelbüros verkauft wurde. Die Einführung dieses *papier timbré* – rechtswidrig, da unter Umgehung der zustimmungspflichtigen États de Bretagne – und das (falsche) Gerücht, auch die Salzsteuer (von der die Bretonen ausdrücklich befreit waren) werde eingeführt, trieb die Menschen, die nichts mehr zu verlieren hatten, auf die Straße.

Am 18. April 1675 stürmten 2000 Menschen das „Tabakbüro“ in der Provinzhauptstadt Rennes und steckten anschließend die königliche Stempelstelle an – mitsamt all den schönen gestempelten Papieren. Es gab eine Straßenschlacht und 12 Tote. Tags darauf war Saint-Malo in Aufruhr, es folgte Nantes. Selbst auf dem platten Land ging es hoch her.

Der Gouverneur der Bretagne, der Herzog von Chaulnes, eilends aus Paris zurückgekehrt, war hilflos gegenüber einem „Pöbel", der sich seine beschwichtigenden Reden nicht anhören wollte, ihn vielmehr mit einem Steinhagel in seinen Palast zurücktrieb. Der Respekt vor allen Autoritäten, ob weltlich, ob geistlich, war dahin: „Die Bauern nehmen sich alles heraus," schrieb der Pfarrer von Plestin-les-Grèves im Trégor entsetzt, „sie nehmen öffentliches Eigentum an sich und wollen nicht einmal mehr auf ihre Priester hören. Diese werden an manchen Orten vertrieben, an anderen müssen sie gar für ihr Leben fürchten." Nicht wiederzuerkennen, die braven unterwürfigen Bretonen! Auch in der Cornouaille brennt es, im Bigouden greifen Bauern die Schlösser an. Längst richtet sich der Aufruhr nicht mehr nur gegen den fernen Herrn in Paris, sondern gegen die Blutsauger vor Ort, gegen den lokalen Adel und die Geistlichkeit. Und er bekommt eine politische Dimension: In Tréminou verabschiedet eine Versammlung von Aufständischen den *Code paysan* – ein erstaunliches Dokument revolutionären Bewußtseins und bretonischen Selbstgefühls. Steuern werden darin ausdrücklich aus dem Grund abgelehnt, weil sie die „armorikanischen Freiheiten" antasten; die Aufhebung der Stände wird mit dem Argument verlangt, alle Bretonen seien *nobles*, also von Adel!

Eine Chance gegen die Zentralmacht hatten die über das ganze Land verstreuten Einzelaktionen nicht – weder militärisch noch politisch. Der einzige Anführer, der die Erhebungen hätte koordinieren können, der Notar Sebastian ar Balp, der 30.000 Mann um sich scharen konnte und vor der Eroberung von Morlaix stand, wurde von einem Adligen erstochen, den er gefangengenommen, dem er aber den Säbel gelassen hatte.

Der König und sein Gouverneur, als sie sich vom ersten Schrecken erholt hatten, schlugen mit furchtbarer Härte zu. An der Spitze von 6000 Soldaten zog der Herzog von Chaulnes in Rennes ein. Die Marquise de Sévigné berichtet ihrer Tochter: „Man hat den Bürgern eine Abgabe von 100.000 Ecus auferlegt, zahlbar binnen 24 Stunden – andernfalls wird sie verdoppelt und von den Soldaten selbst eingetrieben. Man hat die Bewohner einer ganzen Straße aus ihren Häusern gejagt und für vogelfrei erklärt, so daß man all die Elenden, Greise, Wöchnerinnen, Kinder, weinend aus der Stadt ziehen sehen kann, ohne zu wissen, wohin, ohne Nahrung, ohne ein Dach über dem Kopf."

Diese Willküraktion gegen die *Rue Haute* war nur der Anfang. Da man die Rädelsführer des Aufstands nicht kannte (oder ihrer nicht habhaft wurde), griff man sich, wen man gerade antraf; zwischen 30 und 60 Einwohner pro Tag wurden in Rennes gerädert oder gehängt. Auch auf dem Land wütete die Repression. Alle Bauern galten als gottlose Aufrührer und folglich als Freiwild. Die Truppen hausten, als wären sie in einem besetzten Land – und so war es faktisch ja auch. „Unsere armen Bretonen", schreibt die Marquise de Sévigné, „versammeln sich zu vierzig, fünfzig auf dem Feld, und sobald sie die Soldaten sehen, fallen sie auf die Knie und sagen ‚mea culpa' – die einzigen Worte auf französisch, die sie kennen. Das bewahrt sie freilich nicht davor, aufgehängt zu weden. Sie bitten um etwas zu trinken und um Tabak, und daß es schnell gehen soll."

Woher nun wieder diese Demut, als der Sturm des Aufruhrs vorüber war? Sie war das Werk eines Kirchenmannes, des Jesuitenpaters Julien Maunoir. Er hatte die Bretonen auf seinen Missionsreisen nicht etwa zum Christentum bekehrt – eine frommere Provinz ließ sich in Frankreich kaum finden –, sondern zu absoluter Ergebenheit gegenüber ihren weltlichen Herren angehalten: Sonst, warnte er, drohe ihnen der Verlust ihrer Seligkeit. Auf großen Bildtafeln – sie waren, wie sich der Chronist Pierre-Jakez Hélias erinnert, noch zu Beginn unseres Jahrhunderts im Religionsunterricht in Gebrauch – schreckte er die einfachen Bauern mit detaillierten Darstellungen aller für sie vorgesehenen Höllenstrafen. Bei diesen Aussichten ließ sich mancher Bretone lieber stracks aufhängen, auch wenn er, wie die meisten natürlich, gar nicht an den Aufständen teilgenommen hatte.

Die Bilanz der Revolte der Rotmützen: Eine monatelang marodierende Armee, verwüstete Felder, geplünderte Städte, ein darniederliegendes Handwerk, leere Kassen. Die alten Freiheiten waren endgültig dahin, fortan wurde die Bretagne an der kurzen Leine geführt. Und noch etwas blieb: eine Mischung aus Haß und Demütigung, die ihre Spuren bis heute gezogen hat. Die *bonnets rouges* gehören zum Erfahrungshintergrund der Bretonen; daß die Familie von Pierre-Jakez Hélias etwa zwei Mitglieder durch die königliche „Justiz" jener Zeit verloren hatte (einer der Gehängten war gerade 15 Jahre alt), wurde ihm in seiner Jugend immer wieder in Erinnerung gerufen.

Unfreiwillig trug der Rachefeldzug aber auch dazu bei, daß sich die Bretonen wieder deutlich als Bretonen fühlten. Selbst die aristokratische Marquise identifizierte sich mit ihren verfolgten Landsleuten. Hatte sie auf die Meldungen von den Unruhen erst mit Herablassung und Spott, dann mit Angst und Empörung reagiert, so stellte sie sich angesichts der Gewaltexzesse auf die Seite „ihrer" Bauern – wenigstens innerlich. „Die Aufrührer haben sich längst davongemacht. Also müssen die Gerechten für die Ungerechten leiden", schreibt sie über die Exekutionen und prophezeit: „Die Bretagne bestrafen" bedeutete nichts anderes als „sie ruinieren". Der Tochter teilt sie nach dem Ende der Strafmaßnahmen mit: „Ich nehme Anteil an der Trauer und der Verzweiflung einer ganzen Provinz. Wie Sie sehen, bin ich eine gute Bretonin geworden."

Weltliche und geistliche Unterdrückung marschierten vereint. Die Herren hatten die Macht über das Diesseits wie das Jenseits; die Ohnmacht der Untertanen schien auf Ewigkeit festgeschrieben. Als es aber zur nächsten Explosion kam, nahm diese einen merkwürdigen Verlauf: Die französische Revolution sah die Bretagne auf der Seite von Adel und Monarchie – der Kräfte, unter denen sie eben noch Tod und Verwüstung erlitten hatte! Ein Paradox?

Victor Hugo, romantischer Schriftsteller und selbst ein politischer Empörer, hat darüber einen bösen Satz geschrieben. „Die Bretagne empörte sich, da sie sich durch die aufgezwungene Befreiung unterdrückt fühlte. Eine Fehldeutung, wie sie bei Sklaven üblich ist." Es ist ein Erklärungsversuch, der auf das antibretonische Arsenal – die Bewohner der Provinz sind rückständig und dumm – zurückgreift. Läßt man die Wertung weg, könnte Hugo recht haben: Waren die doppelt versklavten Bretonen schon so weit deformiert, daß sie die gewohnten Herren einer ungewissen Freiheit vorzogen, ja sich für diese totschlagen ließen?

Schauen wir uns die Ereignisse der Jahre 1789 bis 1799 genauer an. Im Laufe des 18. Jahrhunderts hatte sich der Gegensatz zwischen reich und arm in der Bretagne noch verschärft. Auf der einen Seite nahm der Seehandel einen beträchtlichen Aufschwung. Die Bretagne stellte ein Drittel der französischen Flotte, Brest wurde zum wichtigsten Militärhafen des Landes, Lorient Sitz der Ostindien-Kompanie. Bedeutendster Hafen Frankreichs war von 1700 an Nantes. Die Stadt gewann Ruhm und Reichtum auf unrühmliche Weise: durch Sklavenhandel. Ähnlich wie die Engländer praktizierten die Kaufleute an der Loire den Handel im Dreieck: Sie transportierten Glaswaren und Schmuck nach Westafrika, tauschten dafür schwarze Arbeitskräfte ein und schafften sie in die Karibik, von wo die Schiffe mit Kaffee, Tabak, Zucker und Gewürzen nach Nantes zurückkehrten. 450.000 Afrikaner fuhren mit Schiffen aus Nantes in die Sklaverei.

Hier gutsituierte Kaufleute also, dort bettelarme Bauern. Kindersterblichkeit und Hungersnöte, Seuchen und Mißernten sorgten dafür, daß die Provinz allein von 1769 bis 1789 100.000 Einwohner verlor. Dazu kam die drückende Steuerlast. Der bretonische Adel hatte gegenüber Paris eine starke Stellung; aber was er dem Königtum abtrotzte, mußte der Landmann mit Abgaben und Frondiensten entgelten. Eine revolutionäre Situation ohne das entsprechende Bewußtsein: Von der intellektuellen Aufbruchsstimmung in Paris und den großen Städten des Landes, von der Aufklärung, war in der Bretagne wenig zu spüren; dort beherrschten immer noch die Jesuitenkollegs das geistige Leben.

Träger des Umbruchs waren dann auch die Bürger, der „Dritte Stand". Und Vertreter der Bretagne waren ganz vornan, als 1789 in Paris die Generalstände dem König die Kastanien aus dem Feuer holen sollten und sich bald selbständig machten. Im allgemeinen Enthusiasmus stimmte man der Abschaffung aller Privilegien zu – worunter nicht nur die Sonderrechte der Stände, sondern auch die der Provinzen zu verstehen waren: also auch der Unionsvertrag von 1532. Daß die États de Bretagne dieser Abschaffung nicht zustimmten, half ihnen wenig. Am 3. November 1789 wurden sie wie alle ständischen Institutionen des Landes aufgelöst.

In der Bretagne selbst wurde anfangs durchaus aufgeatmet und gejubelt, hier und da kam es auch zum Sturm auf ein Schloß. Aber im Großen und Ganzen wurde die Revolution von den Städten getragen. Die Bauern hatten wenig gewonnen. Die Steuerlast blieb, denn auch die Republik brauchte Geld, da sie bald in Kriege mit den Nachbarstaaten verwickelt war. Auch die Religionspolitik der neuen Herren gefiel den frommen Bretonen gar nicht: Priester, die nicht bereit waren, einen Schwur auf die Republik zu leisten, wurden abgesetzt. Und als dann am 10. März 1793 die *levée en masse* befohlen, die allgemeine Wehrpflicht eingeführt wurde, war das Maß voll. 300.000 Soldaten sollte die Bretagne stellen: Das war das schlimmste, was die Regierung der Provinz antun konnte. Das Heimatland verlassen zu müssen, um anderswo zu kämpfen und zu sterben: Genau davor hatte die Bretonen eines der Privilegien im Unionsvertrag von 1532 bewahrt, genau das muteten die neuen Herren ihnen zu. Für die Bretonen wirkte es wie eine Anordnung zur Deportation.

Freiwillig folgten sie ihr nicht. Also wurde Gewalt angewandt. In seinem Roman „Les Chouans" schildert Balzac einen Trupp zwangsrekrutierter Bretonen: „Einige der Bauern, und es war die Mehrzahl, gingen barfuß und trugen als einzige Bekleidung ein großes Ziegenfell, das sie vom Hals bis zu den Knien bedeckte, und eine grobgewebte weiße Leinenhose, deren schlecht gesponnene Fäden von der handwerklichen Ungeschicktheit des Landes zeugten. Die platt anliegenden Strähnen ihres langen Haares vermengten sich so allgemein mit dem Haar des Ziegenfells und verbargen so völlig die dem Erdboden zugekehrten Gesichter, daß man ohne weiteres das Fell für ihr eigenes halten und auf den ersten Blick diese Bedauernswerten mit den Tieren verwechseln konnte, deren Bälge ihnen als Kleidung dienten. Allein durch die Haare hindurch sah man bald ihre Augen funkeln wie Tautropfen in dichtem Laubwerk, und ihre Blicke, die zwar von menschlichen Verstandeskräften zeugten, lösten mehr Schrecken als Freude aus."

Gewiß spricht aus dieser Passage das Mitgefühl des Schriftstellers mit Menschen, deren unvorstellbares Elend durch die Einberufung noch gesteigert wurde. Es spricht aber auch Distanz und Befremden daraus; das Mitgefühl gilt Menschen, die anders sind – fast wie Tiere eben.

Wieder empörten sich die Bretonen, diesmal gegen die Republik. Und Unterstützung versprachen sie sich von deren Feinden – den Aristokraten, den Royalisten.

„Doue ha men Bro", Gott und mein Land: So lautete der Schlachtruf, mit dem die Bretonen gegen die Revolution angingen. Es war keine royalistische, es war eine bretonische Erhebung, aber die von den Emigranten organisierten Armeen waren die einzige Kaft, auf die man gegen das revolutionäre Paris zählen konnte, zumal die Aristokraten mit Versprechungen nicht geizten. So kam es dazu, daß eine Provinz, die von der Monarchie und dem lokalen Adel aufs äußerste niedergedrückt, gedemütigt und ausgeplündert worden war, genau die Herrschaft dieser Mächte zurückverlangte. Auch die Revolution hatte die Chance vertan, aus der Bretagne einen Teil Frankreichs zu machen – gerade indem sie ihr zwangsweise alles „Französische" überstülpen wollte.

Anders als in der Vendée, der südlichen Nachbarregion, die sich gleichfalls erhoben hatte und wo eine reguläre Armee kämpfte, verließ man sich in der Bretagne auf die Guerillataktik. In kleinen Gruppen, locker organisiert – man verständigte sich mit dem Ruf des Käuzchens, dessen „chuin" zu dem Namen führte, den die bretonischen Aufständischen bekamen: *les Chouans* – attackierte man die Soldaten der Revolution, befreite zwangsausgehobene Landsleute oder überfiel auch einmal eine Kutsche, die reiche Beute zu liefern versprach. Die kleinräumige Landschaft der Bretagne mit ihren vielen Hecken bot den Partisanen ein ideales Angriffs- und Rückzugsfeld.

Auch wenn nach der Flurbereinigung und im Zeitalter der „Agro-Industrie" viele Böschungen und Gräben verschwunden sind, ist es reizvoll, sich bei einer Fahrt über Land vorzustellen, was Balzac in seinem Roman so schildert: „Die beblühten Hecken jener schönen Täler verbargen zu jener Zeit unsichtbare Angreifer. Jedes Feld war damals eine Festung, jeder Baum barg eine Falle, jeder alte, hohle Weidenstamm enthielt eine Kriegslist. Überall war Kriegsschauplatz. An jeder Landstraßenbiegung warteten Mündungen auf die Blauen (gemeint sind die Soldaten der Revolution), die von jungen Mädchen lachend ins Geschützfeuer gelockt wurden, Mädchen, die sich nicht für hinterhältig hielten; sie unternahmen mit ihren Vätern und ihren Brüdern Wallfahrten und baten Madonnen aus wurmzerfressenen Holz um Tücken und um Vergebung. Die Frömmigkeit oder vielmehr der Fetischismus dieser unwissenden Kreaturen nahm dem Mord seine Gewissensbisse."

Die Regierung der Republik kannte kein Pardon, wenn eine Provinz nicht spurte. Sie schickte Soldaten, ihnen folgten Scharfrichter. „Feuer und Blut beherrschten die Bretagne, es gab nichts mehr als Rache und Morden", schreibt der bretonische Historiker Yann Brékilien über die Jahre 1793 bis 1800. Nächst der Vendée hatte keine französische Region so viele Opfer zu beklagen wie die Bretagne. In Nantes erfand der Abgeordnete der Republik Carrier die Massenertränkung als neue Exekutionsform: Er ließ die Gefängnisse leeren und ihre Insassen in große Kähne pferchen, die mitten auf der Loire geflutet wurden. 3000 Menschen kamen so in zwei Monaten um.

Die Chouans hatten einen längeren Atem als ihre aufständischen Vorgänger im 17. Jahrhundert. Über viele Jahre fügten sie den republikanischen Kräften Nadelstiche, aber auch schwere Niederlagen zu. Um ein Haar wäre es ihnen im Jahre 1795 gelungen, sich in der Bucht von Quiberon mit einem Expeditionsheer der Emigranten zu vereinen. Es gelang dem Revolutionsgeneral Hoche gerade noch, die Landung zu verhindern und die Chouans zu isolieren. Er machte 5000 Gefangene; 1000 wurden auf Befehl aus Paris hingerichtet.

Nach dieser Katastrophe konnte niemand mehr auf einen militärischen Sieg hoffen; die Guerilla gab jedoch nicht auf. Erst Napoleon brachte Ruhe ins Land – Friedhofsruhe, wieder einmal. Er schickt eine gewaltige Streitmacht mit dem Auftrag: „Benehmt euch, als wärt ihr im tiefsten Deutschland", bei den Barbaren also. Ein klassischer Satz über das Verhältnis von „Mutterland" und Provinz. Napoleon beendete aber auch den „Kirchenkampf" und nahm den Bretonen damit ein entscheidendes Motiv ihres Aufstandes.

Wieder einmal war der Versuch, sich für die schriftlich fixierten Rechte, für ein Stück Eigenständigkeit einzusetzen, gescheitert, war der Aufstand blutig niedergeworfen worden; womöglich mit noch größerer Brutalität als ein Jahrhundert zuvor. Wieder blieb eine wirtschaftlich ruinierte und psychologisch schwer gedemütigte Provinz zurück. Der „Trumpf" der Bretagne, der Seehandel, kam durch die Kriege mit England und die Kontinentalsperre zum Erliegen. Die Bretonen zahlten erneut die Zeche für die Großmachtpolitik Frankreichs. Das ganze 19. Jahrhundert, bis in unseres hinein, war die Bretagne der Hinterhof Frankreichs, sein Armenhaus; für die Pariser und die „wahren Franzosen" ein seltsamer Wurmfortsatz ihrer *Grande Nation*, wo ein zurückgebliebenes, nicht ganz zurechnungsfähiges Volk hauste.

Vom Armenhaus zur Musterregion

Das 19. Jahrhundert war die Epoche der Industrialisierung. An der Bretagne ging die Entwicklung jedoch vorbei; sie verharrte in ihrem agrarischen Dämmerschlaf. Das Textilgewerbe, einst die Quelle bescheidenen Wohlstands, war dahin, der Schiffbau nicht mehr konkurrenzfähig. Die Fischer verdienten ihr knappes Geld unter unglaublichen Entbehrungen und Gefahren – Pierre Loti hat ihnen in seinem Roman „Islandfischer" ein bewegendes Denkmal gesetzt. Die Bretagne als sehr katholische Provinz wies eine hohe Geburtenrate auf; sie konnte indes die vielen Menschen, die sie hervorbrachte, nicht ernähren. Landwirtschaft und Fischerei, auch die Konservenfabriken, die da und dort entstanden, boten zuwenig Arbeitsplätze. Jahr für Jahr gingen Tausende von Bretonen ins „Exil": in die Dordogne oder bis nach Amerika, die meisten aber nach Paris. Dort ließen sich die Arbeitsemigranten rund um den Bahnhof Montparnasse nieder, wo sie wenigstens „unter sich" waren (noch heute gibt es dort bretonische Cafés, Restaurants und sogar eine bretonische Buchhandlung).

Politisch war die Bretagne stockkonservativ. Ihre Abgeordneten, oft noch immer Adlige oder Großbürger, stimmten in der Pariser Nationalversammlung zuverlässig gegen jeden Fortschritt. Auf dem Land führten immer noch die Priester das Regiment, verboten öffentliche Tanzerei und wetterten von der Kanzel gegen die Staatsschule als *école du diable*. Pierre-Jakez Hélias erinnert sich, daß der Pfarrer seines Heimatortes seiner Mutter sechs Jahre lang an Ostern die Kommunion verweigerte – sie hatte es gewagt, ihre Tochter auf die „Teufelsschule" zu schicken und nicht zu den Nonnen. Aber – so sind Bretonen nun mal – Hélias' Mutter erwies sich als mindestens so dickköpfig wie ihr geistlicher Herr: Sie litt schrecklich, aber sie hielt stand.

Fromm und zurückgeblieben: Es sah so aus, als ob die Bretagne dem Bild, das die Pariser sich von ihr machten, entsprechen wollte. Sie stellte Kindermädchen und Prostituierte, Handlanger und bald auch – Kanonenfutter. 150.000 Tote im Ersten Weltkrieg: Das war der Tribut von Frankreichs Hinterhof.

Die Armut, die noch zu Anfang unseres Jahrhunderts auf dem Land herrschte, ist heute kaum vorstellbar – der deutsche Leser oder Kinogänger kennt vergleichbares allenfalls aus Anna Wimschneiders „Herbstmilch". Die Erde ernährte gerade die, die sie bearbeiteten, und gerade so; an einen Überschuß, der verkauft werden und den Ausgangspunkt für bescheidene Verbesserungen bilden könnte, war nicht zu denken. Im Gegenteil: Es genügte ein Unfall, eine Reihe schlechter Ernten, die Krankheit der einzigen Kuh, und aus der notdürftig gesicherten Existenz fiel der Bretone ins soziale Nichts. An St. Michael war Zahltag, und wer bis dahin das Geld für die Miete oder die Pacht nicht beisammen hatte, mußte seine Sachen packen und betteln gehen. Man rechnete mit dem Pfennig, ja mit noch geringerem: Pierre-Jakez Hélias zitiert aus seiner Jugend den durchaus nicht ungewöhnlichen Satz „Der schuldet mir vier Streichhölzer und denkt nicht daran, sie mir zurückzugeben." Manche Frauen verkauften sogar ihr Haar, wenn das Geld nicht reichte; Hélias erinnert sich, daß der Haaraufkäufer so rücksichtsvoll war, immer einen Kranz Haare stehenzulasssen, damit, eine gut plazierte Haube vorausgesetzt, die Schande wenigstens nicht sichtbar war.

In seinem „Cheval d'orgueil" schildert er den typischen Tageslauf einer bretonischen Frau – es ist der seiner eigenen Mutter, die bereits mit elf Jahren, als ihre Mutter starb, die Sorge für die Familie (darunter sechs jüngere Geschwister) übernehmen mußte. „Meine Mutter stand im Sommer bei Tagesanbruch auf und im Winter lange davor. Zuerst setzte sie in aller Sorgfalt ihre Haube auf (diese umständliche Prozedur beherrschte sie seit ihrem sechsten Lebensjahr). Dann gab sie den Schweinen Futter, molk die Kuh, bereitete das Frühstück für ihre kleinen Geschwister vor, weckte sie, schickte sie zur Schule, führte die Kuh auf die Weide, eine halbe Meile entfernt, ging strickend zurück, räumte auf, machte die Wäsche, bereitete das Mittagessen vor, ging häkelnd aufs Feld, arbeitete auf dem Acker, soweit ihre Kräfte es hergaben, kehrte zurück, die Kuh an der Leine, auf dem Rücken oder in einem Korb ein Bündel Kräuter, traf zu Hause auf die heimgekehrten Kinder, sorgte für Ordnung in der kleinen Schar und dafür, daß die Hausaufgaben gemacht wurden, stopfte Löcher und besserte Kleidung aus, schimpfte oder lachte aus vollem Halse, je nach Anlaß, fütterte wieder das Schwein, molk erneut die Kuh, kochte Suppe oder Kartoffeln, wusch das Geschirr ab, brachte die Kinder zu Bett, räumte auf, nahm Häkel- oder Nadelarbeit wieder auf, im Schein einer Kerze, wartete auf ihren Vater und ging erst nach ihm zu Bett."

Die notorische Rückständigkeit in einem Land, das zu den reichen und starken Industrienationen gehörte, machte die Bretagne für manche Franzosen gerade anziehend. Künstler kamen aus der Hauptstadt angereist, auf der Suche nach Ruhe, nach Natur, nach Ursprünglichkeit. Balzac und Michelet, Flaubert und Mérimée, Nerval, Loti und Maupassant näherten sich auf diese „romantische" Weise dem Land. Chateaubriand hatte sie die Bretagne sehen und lieben gelehrt.

Gleich mehrfach kam der Maler Paul Gauguin. „Die Bretagne liebe ich, hier finde ich Wildheit und Primitivität", schrieb er 1888 an seinen Freund Schuffenecker. Billiger als in Paris war das Leben auch. Bald bildete sich eine Künstlerkolonie, die Kunsthistoriker als „Schule von Pont-Aven" kennen. Gauguins Weg vom Impressionismus auf die Abstraktion zu ist auf seinen bretonischen Bildern gut zu verfolgen. Noch in der Südsee, wo er seine späten Jahre verbrachte, hat er die Zeit in Pont-Aven und Le Pouldu nicht vergessen. Sein allerletztes Bild trägt den Titel „Bretonisches Dorf im Winter".

Schriftsteller und Künstler waren die Vorläufer einer Massenbewegung, der die Bretagne heute einen Teil ihres Wohlstandes verdankt: des Tourismus. Der hatte in den dreißiger Jahren dieses Jahrhunderts zögernd eingesetzt, als die Volksfrontregierung den Urlaub einführte. Zur Verblüffung der Bretonen gingen diese Fremden nicht nur am Meer spazieren, sondern stürzten sich hinein! Seltsame Bräuche. Heute tun es drei Millionen im Jahr: Franzosen in erster Linie, aber auch viele Engländer, Belgier und natürlich Deutsche, die die lange Anreise nicht scheuen.

Im Sommer hat die Bretagne mehr Gäste als Einwohner; nach der Provence ist sie touristisch die „stärkste" Region Frankreichs. Allerdings ist die Saison kurz, zu kurz, um die Küste oder gar das ganze Land übers Jahr zu bringen, und jederzeit kann eine erneute Ölkatastrophe den Fremdenverkehr auf Zeit ruinieren: Daher wohl auch die hohe Sensibilität der Bretonen in ökologischen Fragen. Paris hat sie zu spüren bekommen, als das geplante Atomkraftwerk in Plogoff eine Massenbewegung provozierte, die die Hauptstadt schließlich zur Aufgabe des Projektes zwang.

Paris hat auch anderes begriffen. Um die Bretagne wirklich zu einem Teil Frankreichs zu machen, mußte man in sie investieren – in Infrastruktur, in die Landwirtschaft und in eine Industrie, die es überhaupt erst aufzubauen galt. Im Verlauf von dreißig Jahren, den *trente glorieuses*, ist es gelungen, aus der vernachlässigten Westregion eine wohlhabende, in manchen Bereichen führende Provinz des Landes zu machen.

In den 60er und 70er Jahren steckte die Regierung mehr Geld in die Bretagne als in jede andere Region des Landes. In der Landwirtschaft vollzog sich der entscheidende Schritt durch die Bildung von Genossenschaften, durch Spezialisierung und die Anwendung industrieller Produktionsmethoden. Aus der Subsistenz-Landwirtschaft ist eine hochtechnisierte Agro-Industrie geworden, die auf vielen Gebieten landesweit eine führende Position einnimmt. In der Bretagne werden im Jahr 2,3 Millionen Tonnen Getreide und 4,7 Millionen Tonnen Viehfutter produziert, 322.000 Tonnen Blumenkohl, 78.000 Tonnen Artischocken, 62.000 Tonnen Möhren, 60.000 Tonnen Bohnen, 59.000 Tonnen Erbsen und 45.000 Tonnen Tomaten (Zahlen von 1990): Damit sind die meisten Regionen Frankreichs überrundet. Ähnlich sieht es beim Vieh aus, wo die Bretagne 50 Prozent des französischen Schweinefleisches, 40 Prozent des Geflügels, 46 Prozent der Eier und fast ein Viertel der Milch produziert.

Schaut man sich die Wirtschaftsstatistik der Départements an, so imponiert Finistère mit ersten Plätzen bei den Artischocken (zwei Drittel aller Artischocken Frankreichs kommen von dort), beim Blumenkohl, bei Meeresfrüchten, Frischfisch und Algen. Das Département Morbihan ist führend bei Truthahnfleisch, dritter beim Schwein und fünfter bei Milch, die Côtes d'Armor liegen bei Schweinefleisch und Eiern vorn und bei den Muscheln: 50 Prozent aller Coquilles St-Jacques etwa kommen allein aus der Bucht von Saint-Brieuc.

Einen Teil des Erfolges können sich die Bretonen selbst auf ihre Fahnen schreiben, sie haben ihn, wie es gute Tradition ist, nicht mit, sondern gegen Paris erkämpft. Die 60er und 70er Jahre sahen manchmal aus, als wären die *bonnets rouges* wiederauferstanden. Bauern blockierten die Straßen, kippten ihren Volksvertretern faule Früchte oder Mist vors Rathaus und gebärdeten sich überhaupt nicht brav und unterwürfig, wie man es von den Provinzlern erwartete. Der Held der bretonischen Landwirtschaft heißt Alexis Gourvennec. Er stürmte 1961 mit anderen Bauern die Unterpräfektur von Morlaix, um gegen das Preisdiktat der Gemüse-Großhändler zu protestieren, und organisierte dann eine Kooperative, die faire Preise durchsetzte. Heute vermarktet diese Genossenschaft ihre Erzeugnisse selbst, bis nach England und Spanien. Um 1970 gründete Gourvennec zu diesem Zweck die Schiffahrtslinie „Brittany Ferries" – weltweit wohl die einzige ihrer Art in Bauernhand.

Dennoch war der rasante wirtschaftliche Aufschwung nur durch staatliche Geldspritzen, durch Steuererleichterungen und großzügige Kredite möglich. Die Bauern konnten sich motorisieren und mit ihren neuen Maschinen größere Flächen schneller bearbeiten. Dünger und Pflanzenschutzmittel verbesserten die Erträge und erlaubten, bisher ungebräuchliche, aber vom Ertrag her interessantere Produkte anzubauen.

Die Agrar-Revolution hat die Bretagne verändert. Auch wer den Untergang der bäuerlichen Lebenswelt beklagt, möchte nicht zu den alten Verhältnissen zurück. Unübersehbar sind allerdings mittlerweile die Probleme, die sie mit sich bringt. Die Höfe haben sich verschuldet, um in die neuen Technologien und in ihren Maschinenpark zu investieren; bei sinkenden Preisen und hohen Zinsen kommen sie von den Schulden nicht mehr herunter. Überall im Land wurden die traditionellen *bocages* abgeholzt, die der Bretagne ihr charakteristisches Aussehen gaben. Wo dieser natürliche Landschaftsschutz fehlt, wird die fruchtbare Ackerkrume vom Wind leichter fortgetragen, fließt das Wasser schneller ab. Die Erosion schreitet fort, die Vögel verschwinden, das Mikroklima wird zerstört. Dazu kommt die (Über-)Düngung des Bodens. Die Wasserqualität sinkt, besonders in Trockenjahren. Mitschuld daran trägt der Schweinemist, den die Bauern massenhaft auf den Feldern ausbringen und der weite Landstriche mit einem charakteristischen Geruch überzieht.

Die Landwirtschaft in der Bretagne ist an eine Grenze gestoßen; wie es weitergehen wird, ist noch nicht entschieden: zurück zu „weicheren", ökologischen Anbauformen oder weiter ungehemmt expandieren? Manche sehen auch in der Gentechnik, in der Entwicklung neuer Pflanzenarten, einen Ausweg. Wie auch immer: In der Bretagne geben, wie in ganz Frankreich, immer mehr Bauern auf. Zwar hat man hier den Strukturwandel früher vollzogen als anderswo, steht also vergleichsweise noch recht gut da, aber wachsende Konkurrenz, sinkende Preise und steigende Klima-Probleme werden langfristig nur die Höfe mit der besten Kapitalausstattung überleben lassen.

Schlechter geht es den Fischern. Die Fischgründe rund um die Halbinsel sind seit langem leergefischt; wer sein Geld mit dem Fischfang verdienen will, muß nach Übersee, vor der afrikanischen oder der amerikanischen Küste fischen – Benoîte Groults Bestseller „Salz auf unserer Haut" vermittelt eine Ahnung davon. Nur noch 6500 Fischer sind übriggeblieben, von Jahr zu Jahr werden es weniger. Nicht nur die abnehmenden Fangmengen machen ihnen zu schaffen, hinzu kommen die stärkere Reglementierung des Fischfangs, die bessere Ausrüstung überseeischer Konkurrenten. Seit dem Zusammenbruch des Ostblocks sind Billigangebote aus Osteuropa zu einer neuen Bedrohung geworden: Deren Preise sind unschlagbar.

Daß die Fischer Bretonen sind, also für akzeptable Lebens- und Arbeitsbedingungen zu rabiaten Mitteln greifen – etwa in der „Nacht der fliegenden Fische", als im Februar 1993 die Fischhallen im Großmarkt von Paris-Rungis verwüstet wurden –, wird ihnen auf die Dauer nichts nützen. Langfristig sind die Tage der bretonischen Fischerhäfen wohl gezählt. Übrig bleiben werden einige Züchter und ein paar Boote, die romantische Ausflüge mit Touristen unternehmen.

Zu der „aufgerüsteten“ Landwirtschaft und dem Tourismus gesellt sich als drittes Standbein der modernen Bretagne die Industrie. Hier hat Paris nicht nur Investitionsbeihilfen ausgeworfen wie anderswo auch, sondern aktiv Standortpolitik betrieben und eigene Akzente gesetzt. In der Bretagne wurden eine Reihe von *Technopoles* angelegt, Industrieparks, in denen Wirtschaft und Forschung auf zukunftsträchtigen Feldern zusammenarbeiten konnten. Der erste dieser Parks wurde in Lannion errichtet und neuen Kommunikationstechnologien gewidmet; hier wurde *Minitel*, das französische BTX-System, entwickelt. Weitere Technopoles entstanden in Brest, Lorient, Quimper, Saint-Brieuc und Vannes. Auch traditionelle Großbetriebe wie Citroën eröffneten Filialen. Die Region ist ein attraktiver Standort: Die Grundstücke sind preiswerter, die Löhne und Lebenshaltungskosten niedriger als anderswo. Im Vergleich zum Großraum Paris etwa gibt ein Investor in der Bretagne nur die Hälfte aus, und der Freizeitwert der Region, in der kein Punkt weiter als 60 Kilometer von der Küste entfernt ist, spielt für Unternehmensansiedlung eine zunehmend größere Rolle. Selbst ausländische Investoren haben das erkannt; so hat der Foto-Gigant Canon aus Japan sein europäisches Forschungszentrum in der Bretagne angesiedelt.

Daß es der Bretagne heute vergleichsweise gut geht, zeigt auch die Bevölkerungsstatistik. Aus dem Auswanderer- ist ein Zuwandererland geworden. Hat die Bretagne von 1850 bis 1960 noch Jahr für Jahr durchschnittlich 8700 Einwohner verloren, die in der Heimat kein Unterkommen fanden und ihr Glück anderswo suchen mußten, so ist dieser *solde migratoire négatif* 1975 gekippt: Seither gibt es einen Überschuß, im letzten Jahrzehnt um rund 5000 pro Jahr. Das Mutterland hat sein „Stiefkind“ angenommen ; wirtschaftlich ist die Bretagne endlich eine „normale“ Provinz.

Bretonisch – die Sprache der Bretonen?

„Hep brezoneg, Breiz ebed“: Auf diesen Satz werden Sie in Diskussionen mit engagierten Bretonen immer wieder stoßen. Es ist der Schlachtruf der *bretonnité*. Ohne bretonisch also keine Bretagne? Das ist eher Wunschdenken als nüchterne Betrachtung der Realität. Jedermann kann sich davon überzeugen: Von Vitré bis Douarnenez, im Léon wie in Vannes wird offenbar nichts anderes gesprochen als überall in Frankreich – französisch. Wer bretonisch hören will, wird seine Schwierigkeiten haben; wahrscheinlich gelingt es ihm eher in einem Seminar der Universität von Rennes als auf dem Land; vermutlich findet sich leichter jemand, der sich aus Begeisterung für das keltische Erbe mit dieser Sprache befaßt, als ein echter Muttersprachler. Tatsächlich wird Bretonisch in der Bretagne immer noch gesprochen, wenn auch immer weniger. Von den 2,8 Millionen Einwohnern der vier bretonischen Départements gelten 250.000 als „aktive“, 650.000 als passive *bretonnants*; die kleinere Gruppe *spricht* also bretonisch, die größere *versteht* es zumindest noch.

1886 sprachen noch 1,2 Millionen die Sprache ihrer Vorfahren, 1952 1,1 Millionen: In den Keller gerutscht sind die Zahlen also erst in den letzten Jahrzehnten. Die Erklärung von Pierre-Jakez Hélias ist überzeugend: Die Sprache verschwindet mit dem Milieu, das sich mit ihr verständigte. Was die rigide Kulturpolitik des französischen Zentralstaats, was Institutionen wie Schule und Militär nicht erreicht haben, die fast vollständige Ersetzung des Bretonischen durch die Staatssprache Französisch, das kam durch die Modernisierung der Landwirtschaft (zu ergänzen: und durch die Massenmedien) wie von selbst. In dem Moment, wo der bretonische Bauer nicht mehr nur Selbstversorger war, sondern für einen Markt produzierte, wo er es mit Abnehmern, Lieferanten und Zwischenhändlern zu tun hatte, die aus anderen Gemeinden, aus anderen Provinzen stammten, war er auf das Französische angewiesen.

Aber gemach: Noch ist das Bretonische nicht ausgestorben, noch stellt es eine kulturelle Realität dar, und die Verfechter größerer kultureller Eigenständigkeit – von den sanften Freunden keltischer Barden bis zu radikalen Autonomisten und Separatisten – treffen sich immer in einer Forderung, in einem Satz: Hep brezoneg, Breiz ebed – ohne bretonisch keine Bretagne.

Was hat es mit dieser Sprache auf sich, die derart gleichgesetzt wird mit der kulturellen Identität einer ganzen Region? Das Bretonische gehört der großen indo-europäischen Sprachfamilie an, die neben den germanischen, den romanischen und den slawischen eben auch die keltischen Sprachen umfaßt (dazu noch Sanskrit, Persisch, Armenisch und anderes).

Keltisch wurde einst in ganz Europa gesprochen; mit der Verdrängung der Kelten schrumpfte auch sein Verbreitungsgebiet auf den äußersten Westen des Kontinents zusammen. Aus dem „Ur-Keltischen“ entwickelte sich über die Jahrhunderte eine „gälische“ Gruppe, zu der Irisch und Schottisch gehören, und eine „brittonische“ Gruppe, die neben Walisisch auch Bretonisch umfaßt. Untereinander können sich Vertreter dieser keltischen Sprachen nicht verständigen.

Für den Ausländer (dem Franzosen geht es da nicht anders) wirkt das Bretonische außerordentlich befremdlich, und es weist auch einige Besonderheiten auf, die nicht nur für den Sprachwissenschaftler interessant sind. Da ist zum Beispiel der Wechsel des Wortanlauts – eine äußerst vertrackte Angelegenheit, die schon manchen gutwilligen Neu-Bretonen zur Verzweiflung getrieben hat. Der Anfangsbuchstabe eines Wortes verändert sich je nach Umgebung; anders gesagt: Das Wort hat überhaupt keine feste Form. So heißt „Kind“ auf bretonisch bugel, manchmal aber auch pugel (ho pugel = ihr Kind) oder vugel (e vugel = sein Kind). Auch die bretonische Zählweise ist für uns eigenartig, haben sie doch kein Dezimal-, sondern ein Zwanzigersystem. „Vierzig“ heißt bei ihnen „Zwei-Zwanzig“, „Sechzig“ „Drei-Zwanzig“ und „Achtzig“ „Vier-Zwanzig“ – und letzteres, und zwar nur letzteres, haben die Franzosen kurioserweise in ihr eigenes Dezimalsystem übernommen (*quatre-vingt*).

Romantisch veranlagte Sprachforscher haben lange angenommen, das Bretonische sei ein direkter Nachfolger des Gallischen, jenes Idioms also, in dem sich die Gallier einst in ganz Frankreich unterhalten haben. Dann traten Wissenschaftler auf den Plan, die Belege dafür erbrachten, daß das Bretonische aus England kam – mit jenen Kelten, die im 5. Jahrhundert über den Ärmelkanal flüchteten, in eine schon „latinisierte“ Bretagne. Die Wahrheit liegt in der Mitte: Neben dem Latein (oder vielmehr seiner „vulgärlateinischen“ Abart) lebte die Sprache der Gallier in ihren armorikanischen Dialektformen weiter. Auf diese Verhältnisse traf die inselbretonische Einwanderung. Das heutige Bretonisch ist das Ergebnis einer Vermischung von zwei keltischen Sprachen (die zudem damals nicht so sehr voneinander verschieden gewesen sein dürften), was nichts anderes heißt, als daß die Sprache der Gallier, wenn auch verändert und von vielen Einflüssen überdeckt, im Bretonischen aufgehoben ist.

Heute ist die Sprache auf die Dörfer der westlichen Départements, auf die Intimität des Familienkreises und auf die Generation der über Sechzigjährigen beschränkt. Die Sprache der ganzen Bretagne, die Sprache aller Bretonen war es nie. In den beiden „historischen“ Hauptstädten, in Rennes wie in Nantes, wurde zu keiner Zeit bretonisch gesprochen. Die Sprachgrenze verlief immer westlich davon: Im 9. Jahrhundert zwischen dem

Mont-Saint-Michel im Norden und der Gegend von Saint-Nazaire im Süden, heute auf einer Linie von Plouha über Corlay und Elven nach Muzillac.

Kein Reisender wird es auf sich nehmen, sich auch nur in die Anfangsgründe einer Sprache vorzuwagen, die er vor Ort wahrscheinlich nie hören, geschweige denn anwenden kann. Aber ein Stück „Originalton" mag ihn wenigstens einstimmen auf das Land und seine Menschen. Die beiden folgenden Strophen stammen aus einer Sammlung geistlicher Lieder, die in der Bretagne außerordentlich populär war. Aus ihnen spricht Frömmigkeit und Schicksalsergebenheit, aber auch eine schöne Unabhängigkeit von den äußeren Umständen.

„Evid beva gand levenez
N'eus ket ezomm aour na perlez
Nag eur hastell a ve savet
E gern beteg bro ar stered
Dindan ar soul, en eul lochenn
Ar paour a hell c'hoarzin laouen."

(Um in Freuden zu leben, braucht man kein Geld, keine Perlen, auch kein Schloß, das seine Spitze bis zu den Sternen erhebt. Unter seinem Dach, in seiner Hütte, kann der Arme vor Freude lachen.)

Der zweite Text stammt aus dem „Cantique de la vie brève", dem Gesang vom kurzen Leben:

„Selaou va breur ker
Buhan ya an amzer
Tremen ra peb tra
Nerz, madou, yehed
Yaounkiz ha kened
Tremen ra peb tra."

(Höre, mein lieber Bruder, die Zeit geht rasch voran. Kraft, Besitz, Gesundheit, alle Dinge vergehen. Jugend und Schönheit: Alle Dinge vergehen.)

Mit den anderen Minderheitensprachen in Frankreich (Flämisch, das Deutsch der Elsässer, Katalanisch, Okzitanisch, Italienisch, Baskisch, Korsisch) teilt das Bretonische das Schicksal, vom französischen Zentralstaat seit Jahrhunderten unnachgiebig bekämpft und unterdrückt zu werden – verstärkt seit der Französischen Revolution, die das Ideal der Gleichheit auch sprachlich verstand und im Bestreben, überall gleiche Strukturen zu schaffen, sprachliche Traditionen den feudalistischen Rechts- und Besitzverhältnissen schlicht gleichsetzte.

1794 hieß es im allmächtigen Pariser Wohlfahrtsausschuß: „Bretonisch sprechen der Föderalismus und der Aberglaube!" Betrachtet man die Konsequenz, mit der Paris seine Sprache zur Sprache aller Franzosen zu machen betrieb, betrachtet man die Abwertung, ja die Leugnung jeglichen kulturellen Werts der Minderheitensprachen, so ist es erstaunlich, daß sie sich überhaupt gehalten haben.

Daß Bretonisch auf der Schule unterrichtet werden kann – als Wahlfach und in jedem Fall als „Fremdsprache", ist eine Errungenschaft der Nachkriegszeit. Bis in die jüngere Vergangenheit galt in den Schulstuben der Republik nur, was auf französisch gesagt wurde. Alles andere war barbarisches Gestammel. Pierre-Jakez Hélias erinnert sich daran, wie in der *École primaire*, der französischen Volksschule, jedes bretonische Wort nicht nur im Klassenzimmer, sondern auch auf dem Schulhof streng verpönt war – und bestraft wurde. „Es ist verboten, auf den Boden zu spucken und bretonisch zu sprechen", stand auf dem Schulhof seines Lycée in Quimper, und in vielen Schulen gab es damals die Einrichtung der *vache*: Wer beim Gebrauch eines bretonischen Wortes erwischt wurde, bekam einen schimpflichen Gegenstand – ein Stück Holz, einen alten Knochen, einen zerbrochenen Holzschuh – um den Hals gehängt, den er nur loswerden konnte, wenn er seinerseits einen „Sünder" fand.

Oft genug waren die Lehrer, die das Französische ihren Schülern auf solch „pädagogische" Weise einzubleuen versuchten, selbst Bretonen, die nach Feierabend ausschließlich Bretonisch sprachen. Lehrer wie Eltern waren allerdings davon überzeugt, daß die Sprache des Staates auch die des Erfolgs war, daß es ohne Französisch für die jungen Bretonen keine Zukunft gäbe. Sie hatten recht, wenn auch dieser innerfranzösische Kulturimperialismus nicht gerade die Identifizierung der Bretonen mit „ihrem" Staat gefördert hat.

Erst nach dem Zweiten Weltkrieg gestanden die Pariser Politiker dem Bretonischen eine Existenzberechtigung zu. Der DIWAN entstand, eine Bewegung, die auf privater Basis Bretonischunterricht organisierte, zuerst im Kindergarten, später auch auf höheren Altersstufen. Im Gymnasium kann man heute Bretonisch als zweite oder dritte Fremdsprache wählen, auch als Abiturfach ist es zugelassen. Die Universitäten Brest und Rennes bieten „keltische Studien" an, bis zum Doktortitel.

Auch in den Medien steht das Bretonische etwas besser da. Gab es in den 50er Jahren gerade mal sonntags eine halbe Stunde im Radio, so sind es heute mehrere Stunden pro Woche, und über den Regionalsender FR3 kommen bretonische Klänge auch im Fernsehen vor. Seit den 50er Jahren hat sich ein reger bretonischer Kulturbetrieb gebildet mit Vereinen und Zeitschriften, mit Lesungen und Konzerten. 60 bis 80 Bücher im Jahr erscheinen auf bretonisch (bezeichnend allerdings, daß „Le Cheval d'orgueil", *der* bretonische Roman der Gegenwart, in ganz Frankreich mit 2,5 Millionen Exemplaren verkauft wurde und die Originalfassung ganze 750 Abnehmer fand). Dafür haben es Sänger und Instrumentalisten mit Harfe und „bretonischer Bombarde", die an die Tradition keltischer Barden anknüpfen, weit über lokale Ereignisse wie die berühmten *festou-noz* hinausgebracht – bis in die großen Pariser Konzertsäle.

Dennoch wirken diese bretonischen Kulturaktivitäten, auch für engagierte Bretonen selbst, vielfach etwas künstlich; Ethnographie, nicht Lebenspraxis. Es führt eben kein Weg daran vorbei: Seit dem letzten Krieg wird das Bretonische nicht mehr auf „natürlichem Wege", von den Eltern auf die Kinder, weitergegeben, sondern in Seminaren und Klassenzimmern. Selbst ein so enthusiastischer Bretone wie Hélias ist skeptisch gegenüber einer vornehmlich intellektuellen Hingabe an Sprache und Kultur, er verkennt nicht den snobistischen Aspekt der „keltischen Renaissance".

Es ist richtig, daß nie zuvor so viel auf Bretonisch geschrieben und gedruckt wurde – und zugleich noch nie so wenig bretonisch gesprochen wurde wie heute. Der Weg von der lebendigen zur toten Sprache ist vorgezeichnet. Die Fahne, die so viele schwingen, um ihre *bretonnité* zu beweisen (ohne immer genau zu wissen, was das ist), wird bald auf Halbmast wehen.

Der Geschmack der Dinge

Wer in die Bretagne fährt, tut dies vielfach auch in kulinarischer Absicht. *Homard à l'armoricaine*, Austern und Langusten, allerlei Fischgetier, frisch aus dem Meer geholt: Das sind Aussichten, die die immer unsichere Wetterlage, die Möglichkeit verregneter Tage und sturmumtoster Abende vergessen oder wenigstens verschmerzen lassen.

Was allerdings unter dem Etikett „bretonische Küche" vor Ort angeboten wird, sind Rezepte aus Paris oder anderen Schlemmerzentren. Die Bretagne war eine arme Provinz, und was dort gekocht wurde, diente dazu, den Körper vor dem Verhungern zu bewahren und ihn für die harte Arbeit auf dem Feld, auf dem Meer zu stärken – und nicht, einen verwöhnten Gaumen zu kitzeln.

Heute ernährt die Bretagne jeden dritten Franzosen und exportiert Lebensmittel in die Nachbarstaaten. Viele Jahrhunderte lang galt ihre Hauptsorge, die eigenen Leute durchzubringen, die immer zu zahlreichen hungrigen Mäuler zu stopfen. In den Kochtopf und auf den Tisch kam das, was der eigene Acker hergab: Und das war meist nicht viel. „Unser tägliches Brot gib uns heute“: Diese Bitte aus dem Vaterunser hatte für viele Bretonen einen sehr realen Hintergrund. Brot steht denn auch auf dem klassischen bretonischen Küchenzettel ganz oben. „Wer jemals einen Bretonen Brot essen sah, weiß, was für ihn Gastronomie bedeutet“, schreibt Pierre-Jakez Hélias und malt dann aus, auf welch andächtige Weise Kruste und Teig befühlt, berochen, geschnitten und, einmal im Munde gelandet, dort hin- und hergeschoben werden, um schließlich langsam, langsam zu zergehen. Bevor die Kartoffel im 19. Jahrhundert sich auch in der Bretagne durchsetzte, bildeten Mehlgerichte die Grundlage der täglichen Mahlzeiten. Das *blé noir* oder *sarrazin*, das Buchweizen-Mehl, stand dabei an erster Stelle. Schon Balzac hat sich in den „Chouans“ über dieses „ortsübliche Nahrungsmittel, dessen traurige Genüsse nur Bretonen zu schätzen wissen“, lustig gemacht. Im 14. Jahrhundert aus Kleinasien eingeführt, eignete sich der Buchweizen bestens für den kargen Boden und war überdies traditionell von der *dîme*, dem Zehnten, befreit; Buchweizenfelder wurden also nicht besteuert.

Bei Hélias können wir nachlesen, was in einem bretonischen Bauernhaus Anfang des Jahrhunderts gewöhnlich auf den Tisch kam. Morgens war das eine kaffeehaltige Brotsuppe, auch für die Kinder. Mittags gab es ebenfalls eine Suppe, mit mehr oder weniger reichhaltiger Brot- und Kartoffeleinlage. Nur sonntags enthielt sie Fleisch und Gemüse. Abends stand vor jedem eine Schale mit Milch, in die Kartoffeln getunkt wurden.

Ja und dann natürlich die *galettes*, die berühmten Pfannkuchen aus Buchweizenmehl, die etwa zweimal in der Woche auf den Tisch kamen (seltener die *crêpes* aus Weizenmehl, dünner und daher schwieriger herzustellen). Das war dann immer ein kleines kulinarisches Fest. Die ganze Familie versammelte sich um den Tisch, während die Hausfrau an der *galettière* stand, einer heißen Platte von etwa 70 Zentimetern Durchmesser, *billig* auf bretonisch. Zum Verstreichen des Teigs benutzte sie einen Schieber, *rozell* genannt, zum Umdrehen diente ein langer Spatel, der *spanell*. Ein wenig Butter auf den Teig, und dann auf den Tisch mit der *galette*! Jeder brach oder riß nun das ihm am nächsten liegende Stück ab, solange, bis alles verschwunden war und die nächste *galette* aufgetragen wurde.

War der Hunger gestillt, buk die Hausfrau mit dem übriggebliebenen Teig „trockene“ Pfannkuchen, ohne Butter (einen anderen Aufstrich kannten die Bretonen nicht), die am folgenden Tag die Suppe bereichern würden. Nur die allerletzte war wieder eine gebutterte: Sie war für die Hausfrau bestimmt. Deren Fähigkeiten als *crêpière* galten als entscheidend für ihre Kochkünste, ja für ihre hausfraulichen Kapazitäten und ihren Ruf. Das zeigt nicht nur der Brauch, in manchen Gegenden die Braut vor der Hochzeit eine *galette* backen zu lassen, als Probe sozusagen. Es zeigen auch zahlreiche Sprichwörter, Volksweisheiten und Spottverse nach der Art „Mag die Frau häßlich sein, mag sie zänkisch sein: Hauptsache, ihre *galettes* sind gut.“

Es ist ein weiter Weg von den einfachen Pfannkuchen in Hélias' Elternhaus zu den Crêperies, die der Reisende überall in der Bretagne (und längst nicht mehr nur dort) findet, die Dutzende von Varianten anbieten und Crêpes mit Marmelade, Honig, Schinken, Pilzen, Früchten, Grand Marnier oder Kombinationen aller Art veredeln. Wer sich selbst an einer Crêpe (oder einer *ga-*

lette) versuchen will, der nehme ein Pfund Mehl (alternativ Buchweizenmehl), schlage vier Eier darüber, füge etwas Salz hinzu und rühre solange, bis ein sämiger Teig entstanden ist. Dann kommen eine bis zwei Tassen Wasser hinzu, bis die richtige Konsistenz (aber was ist das? Oh, diese Rezepte!) erreicht ist. In Ermangelung eines Original-*Billig* kann man den Teig auch in eine Pfanne gießen, in der schon ein Klecks Butter geschmolzen ist, und ihn dort zu einer hauchdünnen Schicht verstreichen. Nach einer Minute müßte er reif zum Wenden sein – und da zeigt sich dann der Meister. Wenn das Wenden oder die ganze Angelegenheit mißlungen sein sollte: Bis zur nächsten Crêperie ist es gewiß nicht weit.

Mit dem Speisezettel der alten Bretonen wird sich heute kein Reisender zufrieden geben; die Bretonen unserer Tage tun es auch nicht. Sie gelüstet es nach Fischsuppe und *fruits de mer*, nach Lammkeule und der leckeren *pâtisserie*, für die die Bretagne (wie alle französischen Provinzen) bekannt ist, nach den *kouginamann*, dem *far breton* oder den *quatre-quarts*. Keine Sorge: Das ist alles zu bekommen. Auch an Muscheln und Austern wird es nicht mangeln, obwohl die bretonischen Küsten längst abgefischt sind, und Austern findet man auch nicht mehr „einfach so", wie noch im 18. Jahrhundert, am Strand.

Heute werden Austern gezüchtet – mit Methoden, die schon 1858 entwickelt wurden; aus diesem Jahr datiert auch die erste Austernbank. Wenn die Austern im Juni/Juli ihre Larven ausstoßen, bietet man diesen nur 1/4 Millimeter kleinen Lebewesen etwas an, worauf sie sich festsetzen können. Meist dienen gewölbte Tonziegel als „Larvenfallen". Darauf wachsen die künftigen Austern in neun Monaten auf eine Größe von immerhin drei Zentimetern an. Sie werden abgelesen und in flache Austernbänke gelegt. Dann brauchen sie noch einmal drei Jahre, um „richtige" Austern zu werden. In dieser Zeit drohen ihnen (und ihren Züchtern) viele Gefahren: Seesterne und frostige Wassertemperaturen, Stürme, die sie aus ihrer Position reißen und „vom Winde verwehen" können, und am schlimmsten: Parasiten. Immer wieder sind in den letzten Jahren die reichen Austerngründe an der Südküste solchen Epidemien zum Opfer gefallen. Ein leichter Broterwerb, eine „sichere Bank" etwa für die vielen arbeitslosen Fischer ist die Austernzucht jedenfalls nicht.

Vom herzhaften Biß in ein Stück frisches Brot bis zum Schlürfen eines Dutzend Austern, begleitet von einem kühlen Muscadet von der Loire (dort lagen früher die Weingüter der bretonischen Herzöge): Feinschmeckerei heißt für den Bretonen auch heute nicht, die exotischsten Zutaten, die raffiniertesten Kombinationen, die ausgefallensten Kreationen zu probieren, sondern den unverfälschten Geschmack der Dinge zu genießen.

Die Entdeckung der Langsamkeit

Eine Provinz wie die Bretagne lernt man nicht hopplahopp kennen. Sie zeigt ihr sprödes Wesen nicht dem Pauschaltouristen, nicht dem Kilometerfresser und dem Sammler und Abhaker von Sehenswürdigkeiten. Die Bretagne ist anders, und sie will anders erfahren sein. Sie gibt ihre Persönlichkeit nur dem zu erkennen, der sich ihr auf persönliche Weise zu nähern weiß. Sehenswürdigkeiten im landläufigen Sinne gibt es dort kaum. Gewiß, einige Naturschönheiten tragen in den einschlägigen Reiseführern zwei oder gar drei „Sterne". Aber die grandiose gothische Kathedrale, das überwältigende Schloß aus dem Mittelalter, das Museum, das „eine Reise wert ist": Das muß man anderswo suchen. In der Bretagne ist alles kleiner, unauffälliger, unspektakulärer. Auch das hängt mit der Armut zusammen: Es gab keine reichen Städte, deren Bürgerschaft ihren Stolz mit dem Kirchturm in den Himmel wachsen ließ; es gab unter den Adligen keinen, der mit Versailles wetteifern wollte oder konnte. Das bretonische Erbrecht sorgte dafür, daß die Territorien immer kleiner wurden. Chateaubriand weiß anschaulich davon zu berichten:

„Dem ältesten Sohn der Adligen fielen zwei Drittel des väterlichen Besitzes zu. Die jüngeren teilten sich das letzte Drittel. Und da die gleiche Verteilung von zwei zu eins auch für deren Kinder galt, gelangten diese Jüngeren der Jüngeren unvermeidlich zur Teilung einer Taube, eines Kaninchens, eines Ententeichs und eines Jagdhunds, wiewohl sie immer noch *große Ritter* und *mächtige Herren* eines Taubenschlags, eines Krötenlochs und eines Kaninchengeheges waren. Es gibt in den alten Adelsfamilien eine Menge jüngerer Söhne; verfolgt man sie zwei, drei Generationen lang, dann verschwinden sie, da sie allmählich zum Pfluge zurückkehren oder von den arbeitenden Klassen aufgesaugt werden."

Bretonische Schlösser, Kirchen, Landsitze und Burgen tragen die Farben der Landschaft, die sie umgibt, sie haben auch die Dimensionen dieser Landschaft: Sie gehören zu ihr. Wer sie besucht, sollte sie in ihrer Umgebung, als Ensemble erleben, sie nicht „herauspicken". Die Bretagne ist eine Provinz, die sich nicht „konsumieren" läßt, die geduldig und behutsam erfahren sein will.

Die Entdeckung der Langsamkeit beim Reisen gilt um so mehr für diejenigen, die im Weg das Ziel sehen, die sich mit Muße durch ihr Urlaubsland zu tasten gewohnt sind: die fahrenden Leute unserer Tage. Für sie ist die Bretagne wie geschaffen. Je langsamer, desto näher kommt man den Dingen. Wer die Bretagne durchwandert, wird auch auf den Brunnen am Wegesrand stoßen, den kein Reiseführer verzeichnet, der aber viele hundert Jahre alt ist und dem die Bewohner des Landes wundertätige Kräfte zuschreiben .

Ganz Frankreich wird von den Fernwanderrouten (*Grandes randonnées*) durchzogen, die Bretagne natürlich auch. 2500 Kilometer ausgeschilderte Wege stehen zur Wahl, viele davon direkt an der Küste, den alten Zöllnerpfaden folgend (*Sentiers des douaniers*). Einer der schönsten führt an der *Côte de granit rose* im Norden entlang, einem Schmuckstück der Bretagne, wo der Granit, besonders in der Abendsonne, zu strahlen vermag, als werde er von innen beleuchtet. Schwer, sich in dieser Stimmung vorzustellen, wie in wilder Vorzeit bretonische Küstenbewohner Lichter auf die Hörner ihrer Kühe steckten, um vorbeifahrende Schiffe in die Klippen zu locken – um dann die Wracks auszuplündern.

Historisch ist auch die *Tour des Chouans*, die von Vitré im Landesinnern ausgeht und jene Punkte berührt, an denen die Kämpfe der Revolutionszeit besonders heftig tobten. Und schließlich stehen 360 Kilometer Treidelwege entlang der Kanäle bereit für den geduldigen Bretagne-Erkunder.

Mit dem Fahrrad kommt man auf diesen Wegen natürlich schneller voran, aber immer noch nicht zu schnell, um nicht abzusteigen und hier eine alte Kapelle, dort eine neue Crêperie aufzusuchen. Wer die Bretagne mit dem Fahrrad erkunden will, sollte nicht ganz ungeübt sein und über eine tüchtige Gangschaltung verfügen. Die Berge der Bretagne sind zwar nicht höher als 300 Meter; aber was der Region an Steigung abgeht, das macht sie durch (Gegen-)Wind wieder wett. Weniger kräftezehrend ist der Rücken der Pferde. Ausritte sind in vielen Orten der Bretagne möglich, und eine aus Irland übernommene Urlaubsform, das Reisen im Pferdewohnwagen, kann man etwa in Locmaria-Berrien bei Huelgoat betreiben.

Wassersportfreunde kommen in der Bretagne selbstredend auf ihre Kosten: Segeln, Schwimmen und Surfen kann man an der Nord-, an der West- und besonders an der Südküste. Das Innere ist von einer Vielzahl von Flüssen und Kanälen durchzogen, von denen aus man einen ganz besonderen Zugang zum Land erhält. Wer „Wasserwandern“ will, kann vom Schlauchboot bis zum Hausboot alles mieten, was er will, und dann die Bretagne von Nord nach Süd, von Ost nach West durchqueren. Schöne Törns sind etwa die von Saint-Malo über die Rance und die Vilaine bis zum Staudamm von Arzal oder von Nantes bis Pontivy und dann nach Hennebont zur Südküste oder von Port-de-Carhaix bis Châteaulin im Westen. Der berühmte Kanal von Nantes nach Brest, seit 1746 geplant und 1842 vollendet, zum Teil von Sträflingen ausgehoben und einst von großer strategischer Bedeutung, ist nicht mehr durchgängig, sondern nur in zwei Abschnitten befahrbar. Für ein gemächliches Tempo wird ganz von selbst gesorgt: Die Wasserstraßen haben enorm viele Schleusen; zwischen Redon und Dinard sind es auf 62 Kilometern rekordverdächtige 64 !

Auch wer eine der gut 100 Inseln besuchen will, die der bretonischen Küste vorgelagert sind, ist auf das Schiff angewiesen. Sie fügen dem vielgestaltigen Bild der Provinz noch ganz eigene Farben hinzu. Da ist die Île de Sein im äußersten Westen, ein dahingeworfener Felsen, anderthalb Kilometer lang, an manchen Stellen nur 100 Meter schmal, auf dem 600 Bretonen aushalten: ein extremer Ausläufer mit einer großen Vergangenheit. Seit 3000 Jahren bewohnt, einst Grabstätte für die Druiden, die Priester der Kelten, erlebte sie heroische Zeiten im Zweiten Weltkrieg. Vom 20. bis 26. Juni 1940 flüchteten sämtliche Männer der Insel (mit Ausnahme des Pfarrers und des Bürgermeisters) mit ihren Fischerbooten nach England, dem Aufruf des Generals de Gaulle zum Widerstand Folge leistend. Als der in London seine Parade abnahm und die 150 in seinem wackeren Häuflein von insgesamt 600 Mann bemerkte, rief er aus: So stellt denn die Insel Sein ein Viertel Frankreichs!

Besuchenswert auch die Insel Ouessant, und sei es wegen des Leuchtturms, des Creac'h, erbaut 1863 und einer der stärksten der Welt. Oder Bréhat im Norden mit ihrer ganz eigenartigen Mittelmeervegetation. Die größte bretonische Insel ist die Belle-Île im Süden der Region. Einen ganzen Archipel bilden die Sept-Îles nördlich von Perros-Guirec. Es ist ein Naturschutzgebiet, das allererste in Frankreich übrigens: 1912 eingerichtet. Der Zugang ist beschränkt; Bootstouren von Peros-Guirec führen aber zur Île des Moines, und die zahlreichen Vögel, die auf den Inseln nisten, lassen sich auch vom Schiff aus sehr gut beobachten.

An einem Regentag – und der wird kommen! – geht man gern ins Museum. Große Gemäldegalerien hat die Bretagne nicht zu bieten, aber dafür Häuser, die etwas mit ihrem Wesen, ihrer Geschichte zu tun haben: Das „Musée de Bretagne“ in Rennes, das „Musée Préhistorique“ in Carnac oder den Museumshafen Douarnenez, den ersten Frankreichs, wo man nicht nur historische Schiffe besichtigen, sondern auch den Nachbau eines Dreimasters verfolgen kann. Es handelt sich um die Kopie eines Klippers, der einst Tee und Kaffee von Valparaiso nach Le Havre brachte und dessen Rekonstruktion auf Jahre angelegt ist: Auch hierin nehmen sich die Bretonen alle Zeit der Welt. Wer es moderner mag, findet ganz in der Nähe das Zentrum für Meeresforschung und die „Oceanopolis“ in Brest, die die Form eines riesigen Taschenkrebses hat. Den jüngsten Errungenschaften der Bretagne ist das “Centre National d' Études des Télécommunications“ in Lannion gewidmet.

Auf eines werden der Wanderer, der Rad- wie der Autofahrer stoßen, genau wie der, der nur am Strand liegen will und der, der die Bretagne durchstreift auf der Suche nach Legenden und Geschichten, der Gourmet und der Naturfreund: auf Felsen, Wasser und Wind. Die gibt es überall – und sie sind gratis.

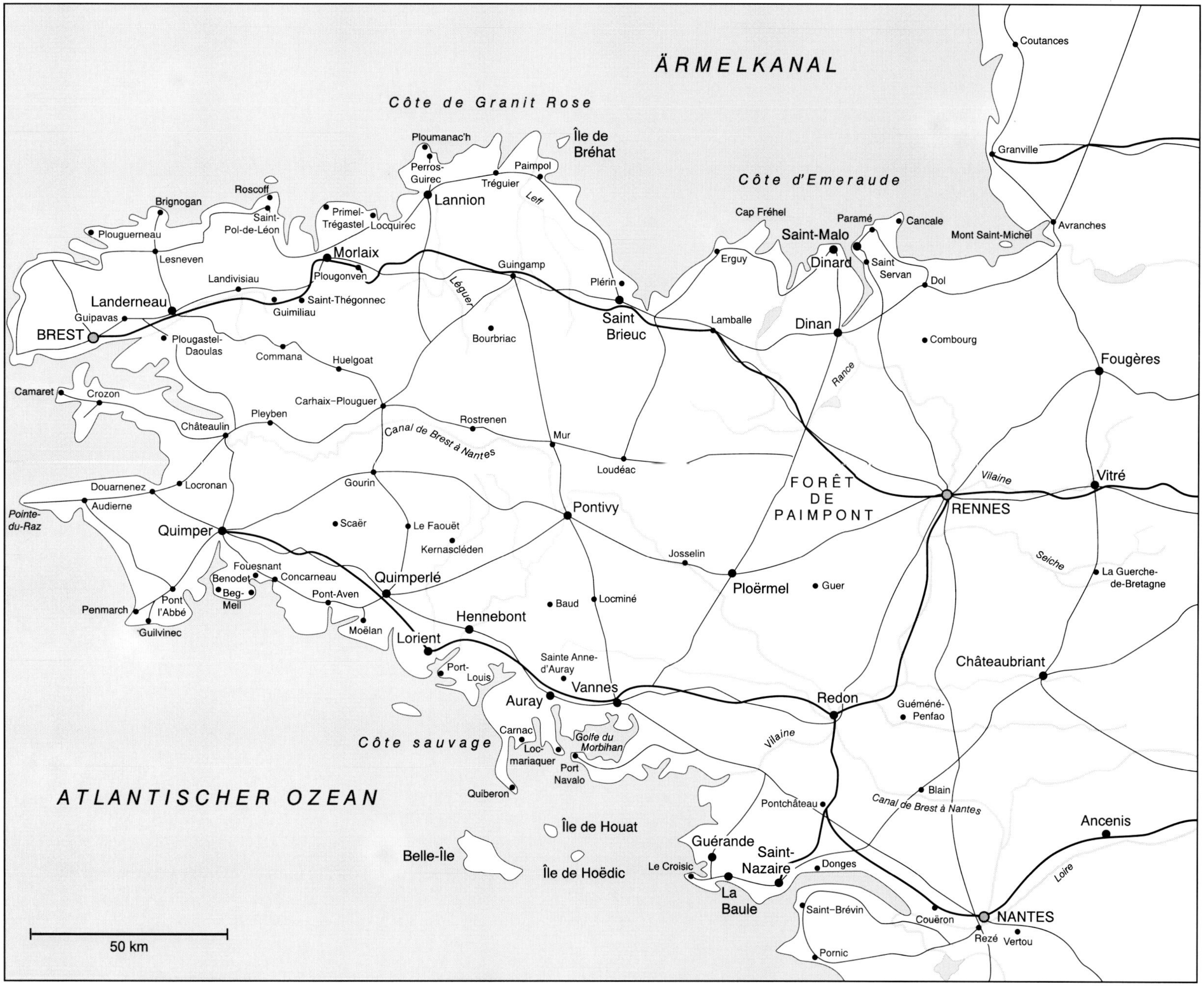
ÄRMELKANAL
Côte de Granit Rose
Côte d'Emeraude
Côte sauvage
ATLANTISCHER OZEAN
Coutances
Granville
Avranches
Mont Saint-Michel
Cancale
Paramé
Saint-Malo
Dinard
Saint Servan
Dol
Cap Fréhel
Erquy
Ploumanac'h
Perros-Guirec
Île de Bréhat
Paimpol
Tréguier
Lannion
Leff
Roscoff
Saint-Pol-de-Léon
Brignogan
Plouguerneau
Lesneven
Primel-Trégastel
Locquirec
Morlaix
Plougonven
Landivisiau
Saint-Thégonnec
Guimiliau
Landerneau
Guipavas
BREST
Plougastel-Daoulas
Commana
Huelgoat
Guingamp
Léguer
Plérin
Saint Brieuc
Lamballe
Dinan
Combourg
Bourbriac
Rance
Fougères
Camaret
Crozon
Châteaulin
Pleyben
Carhaix-Plouguer
Rostrenen
Mur
Canal de Brest à Nantes
Loudéac
Douarnenez
Locronan
Audierne
Pointe-du-Raz
Gourin
Scaër
Le Faouët
Kernascléden
Pontivy
FORÊT DE PAIMPONT
RENNES
Vilaine
Vitré
Quimper
Fouesnant
Benodet
Beg-Meil
Concarneau
Pont-Aven
Quimperlé
Josselin
Ploërmel
Guer
Seiche
La Guerche-de-Bretagne
Penmarch
Pont l'Abbé
Guilvinec
Moëlan
Lorient
Hennebont
Baud
Locminé
Port-Louis
Sainte Anne-d'Auray
Auray
Vannes
Châteaubriant
Redon
Guémené-Penfao
Carnac
Loc-mariaquer
Golfe du Morbihan
Port Navalo
Vilaine
Quiberon
Blain
Pontchâteau
Canal de Brest à Nantes
Île de Houat
Belle-Île
Île de Hoëdic
Guérande
Le Croisic
La Baule
Saint-Nazaire
Donges
Ancenis
Loire
Saint-Brévin
Couëron
NANTES
Rezé
Vertou
Pornic
50 km

Vitré war einst eine reiche Stadt, die ihre Textilprodukte bis nach Amerika und Indien exportierte, und zugleich die östliche Bastion der Bretagne. Den Charakter einer Festung hat sie behalten, das prächtige mittelalterliche Schloß beeindruckt auch heute noch. Die Fundamente stammen aus dem 12., die Mauern aus dem 13. bis 15. Jahrhundert.

Zwischen Saint-Malo und der Pointe du Grouin liegt die kleine Île du Guesclin, benannt nach dem Feldherrn, der im Hundertjährigen Krieg dazu beitrug, die Bretagne von den Engländern zu befreien.

Der Mont-Saint-Michel gehört, streng genommen, zur Normandie, aber welcher Bretagnefahrer wird sich diese großartige Anlage entgehen lassen? Achtzig Meter ist der Michaelsberg hoch, viele Kilometer weit schaut er aufs platte Land, und umgekehrt ist er von überall her schon lange vor der Ankunft zu sehen.

Die Legende erzählt, daß der Erzengel Michael dem Bischof von Avranches befahl, eine Kapelle zu bauen, auf einem Berg mitten im Wald. Als die Gegend später im Meer versank, blieb allein der Berg mit der Kapelle übrig... Tatsache ist, daß aus einer bescheidenen Kirche eine karolingische Abtei wurde, der romanische und gotische Bauten folgten.

Über drei Etagen errichteten die Baumeister des Spätmittelalters die Abtei von Mont-Saint-Michel auf einer künstlichen Plattform auf dem Felsen. Der Kreuzgang aus dem 13. Jahrhundert gehört zu den Höhepunkten der Besichtigung. Er scheint zwischen Himmel und Erde zu schweben. 1,5 Millionen Touristen kommen Jahr für Jahr hierher.

Das Château La Bourbansais bei Dinan stammt aus dem 16. Jahrhundert, wurde aber im 18. Jahrhundert erheblich ausgebaut. Bemerkenswert sind die Porzellansammlung und Aubussonteppiche aus dem 17. Jahrhundert.

Die repräsentative Anlage steht in einem Garten, an dessen Entstehung drei Generationen der Besitzerdynastie Huart mitwirkten. Im Garten befinden sich ein Zoo und ein Zwinger mit 60 Hunden.

Das friedliche Bild täuscht: Die Nordküste der Bretagne (hier bei Saint-Malo) gilt als eine der gefährlichsten in Europa. Immer wieder kommt es zu Schiffsunglücken, laufen Tanker auf Grund, läuft tonnenweise Öl aus, das die Tier- und Pflanzenwelt auf Jahre hinaus zerstört.

Die alte Fischer- und Korsarenstadt Saint-Malo (sie gab übrigens den Falkland-Inseln, französisch Îles Malouines, den Namen), hat ein geschlossenes Stadtbild, das auf Touristen eine große Anziehungskraft ausübt. Von hier aus entdeckte Jacques Cartier Kanada, fuhren Seeräuber auf Kaperfahrt.

Die Cotriade, die bretonische Fischsuppe, gehört zu den kulinarischen Attraktionen der Region. Es ist das bretonische Äquivalent zur Marseiller Bouillabaisse. Wie sie gemacht wird? Da hat jeder sein Geheimnis. Wie sie schmeckt? Einfach versuchen!

Die besten Austern, heißt es, kommen aus Cancale. Das wußten schon die französischen Könige zu schätzen, die zweimal in der Woche per Kurier mit diesen Delikatessen versorgt wurden. Früher konnte man sie einfach am Strand aufsammeln, heute werden sie in Austernparks gezüchtet. Das Schild verheißt: Wer fünf Dutzend Austern kauft, erhält das sechste gratis.

Das Schloß von Josselin ist vielleicht das berühmteste der Bretagne. Dem heutigen Bau gingen mehrere Anlagen voraus, die zerstört und geschleift wurden. Im 15. Jahrhundert kam es in den Besitz der Familie Rohan, der es noch heute gehört. Eine Herzogin von Rohan begeisterte sich für Puppen und sammelte über 500 davon; diese Sammlung ist zu besichtigen.

Das Schloß von Fougères stammt aus dem 12. bis 15. Jahrhundert. Es gehört zu den mächtigsten Befestigungsanlagen in Europa. Auffällig ist der 13türmige Mauerring. Die imposante Anlage hat seit jeher Schriftsteller inspiriert, unter anderem Victor Hugo sowie Balzac für seinen Roman „Les Chouans".

Felsen, Meer und ein einsames Fischerboot: Die Szenerie bei Plougrescant im Norden ist „typisch bretonisch“, die Küste besonders zerklüftet und von zahlreichen Inselchen gesäumt, von denen einige bewohnt sind.

Muscheln, Muscheln – das ist ein Kapitel und natürlich eine Wissenschaft für sich. Auch sie werden nicht mehr gesammelt, sondern „gezogen“; wie man sie dann zubereitet, darüber gehen die Meinungen und Geschmäcker auseinander. Ein sehr häufig angebotenes Gericht sind *moules à la marinière*, dabei werden die Muscheln im eigenen Saft gekocht.

292 Meter lang und 58 Meter hoch ist der Viadukt von Morlaix, über den die Eisenbahnlinie Paris-Brest führt. Die Stadt hat eine lange Tradition als Handels- und Kriegshafen; viele spätmittelalterliche Häuser sind noch erhalten. Hier gab es einst einen der größten Pferdemärkte Europas.

Beim Cap Fréhel fällt die Küste 70 Meter tief zum Meer ab. Es ist einer der landschaftlichen Höhepunkte jeder Bretagne-Reise. In den schwarzen und roten Klippen nisten Kormorane und Seemöven. Von oben reicht der Blick manchmal bis zu den Kanalinseln. Und auch wenn es nicht den Anschein hat: Es ist nicht weit zum nächsten Sandstrand.

Gar nicht so alt ist das Schloß von Trévarez bei Châteauneuf du Faou; es stammt aus dem 19. Jahrhundert. Wegen der Ziegelsteine, aus denen es erbaut ist, nennt man es auch „Le Château rose“. Sehenswert ist auch die 75 Hektar große Gartenanlage mit einer Vielzahl von Rhododendren, Kamelien und Azaleen.

Lange wurden die Menhire den Kelten zugeschrieben, sie sind aber wesentlich älter. Die Rituale, die sich mit ihnen verbanden, wurden mit der Christianisierung abgeschafft, viele Gebräuche aber blieben erhalten. Und da war die Kirche kompromißbereit: Sie vereinnahmte die „keltischen“ Riesensteine, indem sie sie – wie hier bei Trégastel – mit einem Kreuz versah.

Dolmen bei Brignogan-Plage. Die Menhire sind Zeugnisse der Megalithkultur aus dem 4. Jahrtausend vor Christus. Man weiß sehr wenig über die Menschen dieser Zeit, vor allem ist es ein Rätsel, wie die riesigen Steinmassen über viele Kilometer hinweg transportiert werden konnten.

Das „Haus zwischen den Felsen“ bei Plougrescant ist eines der beliebtesten Fotomotive in der Bretagne. Die ganze Côte de granit rose bietet Unterkunftsmöglichkeiten in Hülle und Fülle, vom Zeltplatz bis zum Luxushotel – wenn auch nicht immer so malerisch gelegene.

Nachfolgende Seiten: Château „quo vadis“ nennt der Volksmund dieses Anwesen auf einer Felseninsel bei Ploumanach, an einem der schönsten Küstenabschnitte der Nordbretagne. Hier logierte im Jahre 1892 der polnische Schriftsteller Henryk Sinkiewicz, Autor des Bestsellers „Quo vadis“ und späterer Literaturnobelpreisträger.

Der Granit ist der bretonische Stein schlechthin. Was alles in ihm steckt, zeigt er an der Côte de granit rose. Am schönsten leuchten die Felsen im Abendlicht, da wirkt der harte Stein ganz weich, wie beseelt. Ein Naturwunder!

Durch Wind- und Wassererosion und chemische Verwitterung entstand die steinerne Welt der Granitküste. Die rosa- und orangefarbenen Felsen regen die Phantasie der Menschen immer wieder zu Interpretationen an. Und so werden den Granitkolossen Namen wie Schildkröte, Hase oder Pilz gegeben.

In der Nähe des Seebades Carantec liegt das Château du taureau, das „Stierschloß“, im 16. Jahrhundert zum Schutz vor englischen Piraten erbaut. Wie so manche Festung wurde es später zum Gefängnis; hier saßen revolutionsfeindliche Priester und im 19. Jahrhundert unter anderem der Sozialist Auguste Blanqui.

Die Bucht von Pontusval schützt das kleine Seebad Brignogan. Sandstrände und wild übereinander getürmte Felsen wechseln sich hier ab.

Seit 1984 warnt der Leuchtturm von Pontusval die Schiffe an der hier besonders schwierigen und gefährlichen Küste.

Camaret war zu Anfang des Jahrhunderts ein Zentrum der Langustenfischerei. Die Fischer des Ortes fuhren bis nach Portugal, Marokko und über den Indischen Ozean. Damit ist es weitgehend vorbei. Jetzt setzt der Ort auf den Tourismus – und auf den Charme der Vergangenheit, für die die Boote zeugen, die im Sand an der Küste liegen.

Zu den bevorzugten Genüssen gehört in der Bretagne natürlich der Cidre, ein perlendes, leicht alkoholisches Apfelgetränk, das ebenso wie der höherprozentige Apfelschnaps auch als traditionelles Heilmittel gilt. Seine Zubereitung kann man im Musée de Cidre in Argol auf der Halbinsel von Crozon kennenlernen.

Die Côte de granit rose bei Nacht: Felsen, wie Spielzeug eines Riesen an der Küste aufgehäuft, und einsame Zeugen menschlicher Anwesenheit. Der Leuchtturm ist immer „im Dienst“.

Im Sommer ist Camaret, wie die meisten der bretonischen Küstenorte, überlaufen. Ansonsten aber ist es hier herrlich beschaulich. Bei Regenwetter besucht man das Marinemuseum mit seinen Zeugnissen der großen seefahrerischen Vergangenheit der Gegend. An ein wenig rühmliches Ereignis erinnert das Namensschild des 1967 gesunkenen Öltankers Torrey Canyon.

In Lesconil lebt die Fischerei noch, wenn auch unter Schwierigkeiten. Hier kehren die Boote nachmittags zurück, die Fischer versteigern ihren Fang auf dem Marktplatz. Nicht immer wirkt das Meer so bedrohlich wie auf diesem Bild.

Schiffswrack an der Pointe de Pen-Hir, einer der malerischsten Stellen der Westbretagne und ein beliebtes Ausflugsziel. Am schönsten ist es hier am Abend, am frühen Morgen und außerhalb der Saison: Da ist man dann (fast) ganz allein.

Über *Armor*, der überwältigenden Küste, vergesse man *Argoat*, das Landesinnere nicht! Es gibt sich ähnlich herb wie die Meereszone, aber nicht so spektakulär schroff und wild. Und im Juni blühen die Wiesen so lieblich wie überall in *la douce France*.

Der Stechginster, *l'ajonc*, ist in der ganzen Bretagne verbreitet. Wenn man Balzac glauben darf, verbargen sich hinter den wilden Büschen seinerzeit die *chouans*, um reichen Reisenden aufzulauern – oder um die Truppen der Republik zu attackieren. Der Blick vom 392 Meter hohen Berg Saint-Michel bietet einen schönen Blick über die grüne Bretagne.

Westlich von Brest liegt die Pointe de Saint-Mathieu. Ein „klassischer“ Ausguck in der Westbretagne: Bei gutem Wetter sieht man die Hafeneinfahrt von Brest, die Pointe du Raz, die Halbinsel von Crozon und bis zur Île de Sein.

Das Trégor im Norden des Finistère ist ein karger Landstrich, dessen Reiz nicht zuletzt in den phantastischen Lichtverhältnissen liegt. Die weißgetünchten Häuser heben sich leuchtend gegen die dunkle Heidelandschaft ab.

Der Wald von Huelgoat führt in eine Bretagne der ganz anderen Art: bemooster Stein, aufeinandergetürmt in den abenteuerlichsten Formen. Hier soll der sagenhafte König Artus sich aufgehalten und umgetan haben; wer genügend Phantasie hat, kann ja spekulieren, ob es eher im *Chaos du moulin* oder in der *Grotte du diable* war...

Die Abbaye de Beauport, im 13. Jahrhundert gegründet, wurde 1790 im Zuge der französischen Revolution aufgelöst. Die üppig bewachsenen Ruinen der Abtei sind heute noch eindrucksvoll.

Wie hier im Ort Pouldergat südlich von Douarnenez gibt der verwitterte, graue Granit den bretonischen Kirchen oft ein fast unheimliches Gepräge.

Ein Gipfelpunkt der bretonischen Kunstgeschichte: der Kalvarienberg von Saint-Thégonnec. Ungeheur plastisch und suggestiv wirken die Teilnehmer der Passionsszenerie, wie aus dem Augenblick heraus erfaßt – und für die Ewigkeit aufgehoben.

Nachfolgende Seiten: In Pleyben ist eine der schönsten *enclos paroissiaux* der ganzen Bretagne zu besichtigen. Die Abendmahlsszene mit dem schlafenden Lieblingsjünger Johannes und dem Beutel, den der – durchaus nicht physisch abstoßend gestaltete – Verräter Judas unter dem Tisch hält, ist nur ein Detail der ungeheuer reichen Anlage.

Der Kalvarienberg von Plougastel-Daoulas steht an künstlerischer Vollendung den *enclos* von Guimiliau, Pleyben und Saint-Thégonnec nicht nach. Hier die Szene der Katel Gollet, die es mit dem Teufel trieb und vom Höllenrachen verschlungen wird.

In den achtziger Jahren des 16. Jahrhunderts entstand der Kalvarienberg von Guimiliau. Über 200 Personen sind auf ihm abgebildet. Es ist eine pathetische, die christliche Alternative – hier der Himmel als Aussicht, dort die Hölle – drastisch illustrierende Darstellung.

Die Kirche von Rumengol ist Ziel von Wallfahrten, den *pardons*, zu denen Pilger aus der ganzen Bretagne zusammenströmen. Der Chorraum enthält eine Marienstatue aus dem 18. Jahrhundert, eine Dreifaltigkeitsgruppe aus dem 17. Jahrhundert und kunstvolle Schnitzereien.

Die Altaraufsätze der Kirche von Rumengol in der Nähe von Le Faou stammen aus dem 17. Jahrhundert und wurden in den Marine-Ateliers von Brest gearbeitet.

Mariendarstellungen sind in der ganzen Bretagne in großer Zahl zu finden. Die fromme Provinz bringt es bekanntlich auf 7777 Heilige, aber zu einigen Personen der göttlichen Hierarchie hat sie naturgemäß eine besonders innige Beziehung. Hier in Rumengol ist es Notre-Dame-de-Tout-Remède, Helferin in allen Lebenslagen.

Fischgeschäft in Pouldroizic. Oder die Fassade eines ehemaligen Fischgeschäfts, dessen Besitzer aufgegeben haben? In der ganzen Bretagne vollzieht sich der Niedergang eines Gewerbes, das einst vielen Menschen Lohn und Brot verschaffte und das das Verhältnis der Bretonen zur Natur entscheidend geprägt hat.

Heidelandschaft mit Haus am Horizont – dahinter geht es steil nach unten, denn wir befinden uns an der Pointe du Raz, am Ende der Welt. Dort schlagen die Wellen brüllend an, brechen sich am harten Fels, es tobt der Kampf der Elemente. Hier oben aber ist nichts davon zu hören.

HOTEL
HOTEL DE L'IROISE

In dieser Crêperie bei Vitré (oder einer anderen in der Bretagne) sollte man kosten, was heute alles mit dem Gericht der kleinen Leute angestellt wird. Mit Butter, dem früher einzigen Aufstrich, geben sich die Leckermäuler von heute nicht zufrieden.

„Die Hortensien der Frau von Roselius“ heißt eine Erzählung des saarländischen Autors Ludwig Harig: Darin erzählt er, wie die Bretonen diese Blume verehren, züchten und welche Farben sie ihr abgewinnen. Zum Beispiel dieses herrliche Lila!

Fischer in Guilvinec. Momentaufnahmen eines Berufstandes im Abstieg. Die Arbeit ist nicht mehr so hart und lebensgefährlich wie einst – Pierre Loti hat den „Islandfischern“ in seinem gleichnamigen Roman ein Denkmal gesetzt –, aber dafür ernährt sie ihren Mann nicht mehr. Jedenfalls nicht mehr viele Männer.

Brignogan-Plage ist nicht der Vorhof der Hölle, wie dieses Farbenfest in Schwarz und Rot suggeriert, sondern ein friedliches und sehr beliebtes Familienbad. In der Nähe ist ein „Felsenchaos“ (*chaos rocheux*) sehenswert.

In der Hafenkneipe von Saint-Guénolé treffen sich die Fischer nach der Arbeit. Der Hafenort südlich von Audierne ist bekannt für seine reichen Erträge an Kaiserhummer und Fisch.

Guilvinec im Pays Bigouden ist der viertgrößte Fischereihafen der Bretagne. Tag für Tag fahren die kleinen Kutter hinaus und kommen nachmittags zurück. Der Fang wird am Ort in vier Konservenfabriken gleich weiter verarbeitet.

Leuchtturm vor der Pointe du Raz. Auch bei schönem Wetter wüten die Elemente, verwandelt sich das blaugraue Wasser unter der Peitsche des Windes in weiße Gischt, die die scharfgezackten Felsen überzieht: ein immer wieder reizvolles Schauspiel.

Felsenzunge bei Saint-Guénolé. Hier verarbeitet man Sardinen und Thunfisch. Die Felsen in der Umgebung sind berühmt und tragen malerische Namen – etwa das „Höllenloch". Der Leuchtturm von Eckmühl in der Nähe des Ortes gehört zu den lichtstärksten der Bretagne.

Ein „totes“ Schiff in der Buch von Audierne. Immerhin sind die traurigen Reste dieses einst gewiß stolzen und schnittigen Bootes schöner anzuschauen als ein Autowrack auf dem Schrottplatz.

Gerippe auf dem Trockenen. Der Fischerhafen Léchiagat gegenüber von Guilvinec weist aber auch noch einige „lebendige“ Boote auf.

Der *Phare d'Eckmühl* an der Spitze der Pointe de Penmarch ist 65 Meter hoch. Im Juli/August kann er besichtigt werden. Mehr als 300 Stufen muß bewältigen, wer in den Genuß der unvergleichlichen Aussicht kommen will. Das Treppengeländer ist übrigens aus Bronze.

Benannt ist der Leuchtturm nach dem Prinzen von Eckmühl, einem General Napoleons. 1897 wurde der Turm eingeweiht. Fast 100 Jahre also tut er schon Dienst an der Küste und leuchtet, wenn es das Wetter erlaubt, bis zu 70 Kilometer weit.

Die prähistorischen Steinalleen von Carnac sind ein Rätsel. Wozu wurden sie angelegt? Das fragen sich Wissenschaftler, aber auch natürlich die Touristen, die in Scharen hierher kommen. Wenn die Menhire etwas kleiner und leichter wären, wäre der eine oder andere gewiß schon in einem Kofferraum verschwunden...

Crêpière beim Anrühren des Teigs. Ebenso wichtig wie die richtige Zusammensetzung ist die Zubereitung auf der heißen Platte: Ein Tropfen Butter, dann den Teig ausstreichen, umdrehen – wer's kann, durch einen beherzten Wurf in die Luft – und dann schnell auf den Teller!

Carnac bietet neben den Steinalleen auch breite Strände und eine Vielzahl von Hotels. Die prähistorische Kultstätte ist eines der touristischen Zentren der Bretagne geworden – nicht nur zum Nutzen der Gegend. Besuchenswert in jedem Fall: Das *musée préhistorique*.

Das Schloß Kerazan liegt in der Nähe von Pont-l'Abbé, dem Hauptort des Pays Bigouden, in einem großen Park mit alten Bäumen. Aus dem 16. Jahrhundert ist nur ein Flügel übriggeblieben, der Rest stammt aus dem 18. Jahrhundert.

Louis-XV-Möbel schmücken die Säle, dazu kommt ein kleines Kunstmuseum mit Gemälden vom 17. Jahrhundert an. Auf den Bildern eines Ingres-Schülers sieht man die Bretagne, wie sie einmal war.

Die *Coiffe bigoudène* ist im Lauf der Zeit von einer bescheidenen Kopfbedeckung zu einer recht unförmigen Angelegenheit angewachsen. Sie aufzusetzen, ist recht mühevoll, und eine ganze Ansammlung von behaubten Bretoninnen wird man daher nur selten mehr antreffen.

Der Lettner ist das Schmuckstück der Kapelle von Saint-Fiacre bei Le Faouët. Von Olivier de Loergan zwischen 1480 und 1492 geschnitzt, bietet er Szenen aus der heiligen Schrift, aber auch aus dem profanen Alltag seiner Zeit. Wundervoll in Ausdruck und „Bewegung“: die Engel.

Die Kirche von Lampaul-Guimiliau ist eine der ältesten noch erhaltenen der Bretagne. Die geradezu üppige Ausstattung bietet u.a. einen farbenprächtigen Triumphbalken und eine eindrucksvolle Pietà aus Eichenholz aus dem Jahre 1530.

Kreuzigungsszene des Lettners von Saint-Fiacre, des schönsten der Bretagne. Er erzählt die Glaubensgeschichte in Kurzfassung, zeigt aber auch drastische Szenen aus dem Volksleben.

Wie Wellenbrecher schieben sich die Kaps des Finistère in den Atlantik, so daß das Wasser hoch aufschäumt – ein Reiz für Abenteurer, sich mit der Urgewalt des Meeres zu messen.

Die Halbinsel von Quiberon im Département Morbihan ist auch im Winter einen Besuch wert. Himmel und Meer zeigen sich dann in einem ganz eigenen Licht.

Die Nordküste bei Trégastel. Viele sagen, dies sei die eigentliche Bretagne: rauh, aber herzlich, schroff, aber von einem herben Reiz, den zu spüren man sich Zeit und Muße nehmen muß.